新时代好青年的培育研究

郭晓杰 著

知识产权出版社

全国百佳图书出版单位

——北京——

图书在版编目（CIP）数据

新时代好青年的培育研究／郭晓杰著. —北京：知识产权出版社，2025. 3. —ISBN 978-7-5130-9815-1

Ⅰ. D432.6

中国国家版本馆 CIP 数据核字第 2025VJ6346 号

内容提要

培育新时代好青年为进一步做好青年工作指明了方向，能够为实现中华民族伟大复兴凝聚强大的青春力量。首先，本书对青年及新时代好青年的内涵、精神特质等基础理论问题进行了分析，并基于时代特征和青年的时代使命阐述了培育新时代好青年的价值意蕴。其次，以人的文化主体性为核心，深入挖掘并论述了中华优秀传统文化在培育新时代好青年中的深厚底蕴与独特价值。最后，立足现实，面向未来，构筑了新时代培育好青年的多维路径。

本书主要为广大青少年及社会教育界的理论与实践工作者提供参考。

责任编辑：李　婧　　　　　　　责任印制：孙婷婷

新时代好青年的培育研究

XINSHIDAI HAOQINGNIAN DE PEIYU YANJIU

郭晓杰　著

出版发行：知识产权出版社 有限责任公司	网　　址：http://www.ipph.cn
电　　话：010-82004826	http://www.laichushu.com
社　　址：北京市海淀区气象路 50 号院	邮　　编：100081
责编电话：010-82000860 转 8380	责编邮箱：laichushu@cnipr.com
发行电话：010-82000860 转 8101	发行传真：010-82000893
印　　刷：北京中献拓方科技发展有限公司	经　　销：新华书店、各大网上书店及相关专业书店
开　　本：720mm×1000mm　1/16	印　　张：9.75
版　　次：2025 年 3 月第 1 版	印　　次：2025 年 3 月第 1 次印刷
字　　数：148 千字	定　　价：56.00 元

ISBN 978-7-5130-9815-1

前　言

　　青年强，则国强。青年期作为人的生命周期的一个特定阶段，这一阶段的生理特征、心理变化及认知能力的发展，为个体成长奠定了基础。人的自然性决定了青年有其内在的生物学规律，青年个体终将走向生命的终点。然而，青年作为能动性的社会存在，青年群体能够汇聚成一种动态、持续且不断更新的社会力量。从人的社会性出发，青年群体作为社会结构中的重要组成部分，其角色与功能具有鲜明的时代性与历史传承性。每一个时代的青年都在特定的社会背景与文化语境下成长，他们不仅继承了前人积累的智慧与经验，更在继承中不断创新和发展，推动着历史车轮滚滚向前。这种世代相传的连续性，确保了青年力量的持续更新。

　　对于中华民族而言，青年总是以昂扬的姿态、饱满的热情、主动进取的精神在民族复兴过程中展现出青年应有的精神风貌，成为中华民族进步的坚实支撑与依靠力量，"千百年来，青春的力量，青春的涌动，青春的创造，始终是推动中华民族勇毅前行、屹立于世界民族之林的磅礴力量！"❶党的十八大以来，国家层面高度重视并深刻认识到青年在推动社会进程中的重要作用，充分肯定青年在促进社会全面进步与国家繁荣发展中所做出的巨大贡献。国家依据

　　❶　习近平.在庆祝中国共产主义青年团成立100周年大会上的讲话[M].北京:人民出版社,2022:2.

时代变迁与社会发展的实际需求，对青年工作进行了科学合理的规划与部署，并制定青年优先发展战略。党的青年工作不断取得新突破与新成就，为青年的全面发展创造了更加广阔的空间与机遇，激发了青年群体的创造活力与奋斗精神。党的二十大报告提出，"广大青年要坚定不移听党话、跟党走，怀抱梦想又脚踏实地，敢想敢为又善作善成，立志做有理想、敢担当、能吃苦、肯奋斗的新时代好青年，让青春在全面建设社会主义现代化国家的火热实践中绽放绚丽之花。"❶"新时代好青年"这一话语的提出与建构，具有鲜明的时代特征，其核心要义"有理想、敢担当、能吃苦、肯奋斗"，精准提炼了当代青年群体的鲜明特质与正面价值导向。这一表述，不仅是国家对新时代青年群体形象的重新定位，而且蕴含着对青年未来成长成才的深切期许与厚望，体现国家育人战略的科学布局与深远考量。

新时代的中国青年，正站在新的历史起点上，蓄势待发、扬帆起航，他们终将在实现中国梦的道路上贡献青春力量、成就自我。在实现中华民族伟大复兴的重要阶段，培育有理想以明志、敢担当以行责、能吃苦以砺志、肯奋斗以成才的优秀青年人才，不仅体现了全社会对青年群体全面发展的深切关怀，更是青年学术研究理论课题与实践课题深度融合的迫切需求，需要全社会的共同努力。

本书共由五章构成，深入探讨了新时代好青年培育的多维面向，旨在构建一套全面而系统的理论研究框架。第一章，新时代好青年的内涵之析。本章包括对青年的内涵与特征，新时代好青年的内涵、精神特质及培育目标的分析与解读，为全文奠定坚实的理论基础。第二章，新时代好青年培育的价值之维。本章聚焦于青年群体的新时代定位，对新时代"好青年"话语提出的必然性和培育新时代好青年对国家、社会、民族与个人发展的意义进行论析，彰显了该议题的时代价值。第三章，新时代好青年培育的文化根脉。本章主要从中华

---

❶ 习近平.高举中国特色社会主义伟大旗帜 为全面建设社会主义现代化国家而团结奋斗：在中国共产党第二十次全国代表大会上的报告[M].北京：人民出版社,2022:71.

优秀传统文化与好青年的逻辑关系出发，剖析中华优秀传统文化在育人过程中的价值及资源优势，挖掘其中蕴含的培育新时代好青年的思想资源，强调了新时代好青年所肩负的传承与弘扬中华优秀传统文化的使命担当。第四章，新时代好青年培育的困境之思。本章对新时代青年培育的困境进行理性反思，通过对当今时代青年各种负面形象及呈现样态的剖析，揭示了新时代好青年培育的三对矛盾——理想的憧憬与现实的矛盾、实现个体价值与承担社会责任的矛盾、艰苦奋斗的优良传统与坐享其成的安逸态度的矛盾，从而为提出具有针对性的、有效的培育路径提供现实依据。第五章，新时代好青年培育的纾解之道。本章在前述基础上，提出一系列培育路径，强调青年自主成长的自我教育动力，发挥学校教育在青年成长中的主渠道作用，同时整合社会资源，构建全方位、多层次的社会支持与保障体系，旨在为青年的健康成长与发展提供教育理论与实践的参考，这是本书研究的落脚点。

目　录

新
时
代
好
青
年
的
培
育
研
究

时代好青年的内涵之析

新时代好青年这一概念的提出是基于对新时代任务及青年独特属性的双重考量，为青年理论研究构筑了坚实的基石。对新时代好青年内涵进行解读，不仅是理论探索的必然要求，也是指导青年培育工作的关键所在。深刻把握好青年所具备的"有理想、敢担当、能吃苦、肯奋斗"的精神特质，树立培育好青年的核心目标，即培养有深厚才气以应对复杂挑战，充满正气以坚守道德底线，同时洋溢着朝气以展现青春活力，更拥有坚实底气以自信面对未来的新时代青年，使他们能够用理想武装青春、用担当诠释青春、用吃苦淬炼青春、用奋斗致敬青春，书写无悔于自我与国家的青春篇章。

第一节　新时代好青年的内涵解读

认识与理解事物的前提是对此事物的概念有基本认知，了解青年及好青年的内涵是顺利进行本书研究的前提条件。青年，这一在人类文明长河中逐渐清晰的概念，其边界与内涵随着时代的变迁而不断拓宽与深化。"新时代"与"好"都是青年的定语，只有深入剖析青年的含义及本质属性，才能深刻揭示新时代好青年的当代内涵，精准捕捉新时代好青年在当代社会的独特风貌与深刻内涵，从而为新时代好青年的培育提供坚实的理论支撑。

一、青年的内涵界定

（一）青年的定义

在世界范围内，对于"青年"的界定，各国依据自身独特的文化背景、社会结构、经济发展状况，以及人类身心发展的科学规律，绘制出了各不相同的年龄界限图谱。在国内，学者们或从生物学个体发育的角度分析这一承上启下的生命阶段，或依托心理学探讨其心理发展轨迹，或基于社会学视角剖析其社会角色与功能，或运用历史唯物主义方法追溯其历史演变与现实意义，形成了很有见地的学术观点。

从生物学角度来看，青年正处于身体发育、性成熟及各项生理机能完善的过渡期，此过渡阶段也被称为青春期。青春期是学龄儿童进入青少年时期的标志性阶段，在此期间青少年会发生一系列的生理变化与生理反应，包含身体的一般发育和性特征的成熟。一方面，身体的一般发育主要体现为身高和体重的迅速增加、肌肉运动能力的提升等；另一方面，性激素的大量释放使"第一性征”与“第二性征”开始显现。

从心理学角度来看，以人的心理发展过程与心理机制为基础，青年的心理从不健全走向健全，从不完善走向逐渐完善，而这一过渡阶段也被称为青年期。青年期的心理发展特点包括独立思考能力的增强、自我意识的觉醒及价值观的逐渐形成。严美华认为，青年期比青春期更符合青年的各项特征，青年期是指青年的心理学概念，以人在生理成熟基础上的个性形成、自我意识的觉醒、性心理、价值观等心理机制的完善为依据，是思维、记忆、情感、意志、兴趣、能力、性格的迅速发展，积累知识和形成世界观的时期。[1] 苏联学者 И. С. 科恩认为，青年期“简直就是存在于儿童期和成年期之间的‘第三世界’”[2]，在这个“第三世界”中，个体经历着身心方面的巨大变化，是自我意识和自我形象形成的关键时期。И. С. 科恩强调，青年期的心理发展过程中，自我形象的形成是一种社会定向的过程，反映出个人对自身的态度问题。

从社会学的角度来看，青年期普遍被视为一个由依赖向独立自主转变的关键期。邱伟光从社会学角度对青年进行了定义，提出青年是社会历史发展的产物，青年期是人类社会延续过程中的一个过渡时期，推动人类社会进步的重要力量。[3] 青年群体也逐渐进入社会科学研究领域，社会学将研究目标聚焦于青年，并逐渐衍生了青年社会学。沈杰将青年看作人的社会化的产物，并提出了青年社会化的概念。简单来讲，人的社会化是指，由一个刚刚出生的生命机体或生物学意义上的人成长为一个合格社会成员或社会学意义上的人的过程。[4] 而青年社会化是指人在青年期这一阶段所实现的社会化。刘慧晏指出，人的社会化可以分为不同的阶段，而青年期的社会化则是人一生中社会化的黄金时

---

[1] 严美华.现代青年发展心理学[M].北京:台海出版社.2002:13.

[2] 科恩.青年心理学[M].史民德,何德霖,方琬,译.南宁:广西人民出版社,1983:55.

[3] 邱伟光.青年学[M].重庆:西南师范大学出版社,1988:53.

[4] 沈杰.青年世界的社会洞见[M].北京:人民出版社,2018:93.

期，起着承接两头的作用。青年社会化的成功与否，不仅是衡量个体能否顺利融入并贡献社会的重要标尺，而且是其后续人生各阶段能否实现持续、健康再社会化的坚实基石。

青年是一个复杂而多维的群体。学术界往往聚焦于生物学、心理学与社会学三大领域，这些学科以其独特的视角和深厚的理论基础，为理解青年的成长与发展构建了坚实的框架。然而，除了这些主流视角，还有众多学者勇于探索，以新颖独到的角度重新诠释青年的内涵与外延。如邝海春认为，学术界关于青年概念的冗杂概述并不利于青年学这一学科发展，应该追求概念界定上的逻辑严谨性与统一性。从逻辑学的视角，邝海春主张不应拘泥于青年的具体种类特征进行界定，而应追溯至其更为本质的属概念层面。邝海春认为青年范畴是指拥有共同年龄特征、生理特征和心理特征，具有共同的利益和需要、共同的社会心理和他们与社会公共联系机制等社会属性的特殊人群。❶ 此界定深入青年群体本质的、共性的层面，为青年学的学科建构提供了更为坚实的理论基石。夏林认为，应该从系统论的视角考察青年的具体内涵。青年，作为社会结构中一个充满活力与变革力量的群体，其内在特性与外在表现均鲜明地体现了系统论的核心原理。青年群体具有系统的结构和层次，其各组成部分（如不同年龄层、性别、地域、教育背景等子群体）之间相互关联并相互作用，共同维系着系统的整体性与稳定性，青年系统"是一个不断进行物质、能量和信息交换的动态的开放系统"。❷

在探讨如何对青年一词进行定义时，尽管学术界对其内涵的解读存在多元化的理解，然而，这些基于单一学科的见解却难以形成一个被普遍接受且绝对明确的定义。鉴于此，学术界逐渐将目光投向青年学这一从整体视角，形成青年研究课题。青年学是一门专门研究青年群体及其发展规律的学科，旨在构建

---

❶ 邝海春.论青年范畴[J].青年研究,1986(12):20-22.

❷ 夏林.青年学[M].郑州:河南人民出版社,1987:7.

一种整体论的分析框架。经过长期的理论与实践探索，青年学学科体系不断完善，一个较为共识性的认识逐渐成形，青年被这样界定：是正处于由儿童向青年过渡的特定生命阶段的群体，其身心机能经历着由不成熟走向成熟的转变，这一过程伴随着个体对自我认知的深化、社会角色的初步确立，以及逐渐构建与完善自我独立的社会关系网络，并在推动社会发展进程中展现出独特潜力与影响力的群体。青年期作为一个生理与心理发展的重要时期，是个体参与社会、形成价值观与塑造人生轨迹的关键期。正如郭沫若所讲："所以要说青年是什么，那就应该说，是在波状进展中向顶点发展的那一个阶段。这精神向上发展的这个阶段，便是青年。"❶

（二）青年的本质特征

通过以上论述，我们将从以下几个角度出发，进一步深化对青年及青年本质特征的认识与理解。青年既是自然人，也是社会人，兼具自然禀赋与社会属性；青年既是主体，也是客体，具有主观能动性与对象性的特点；青年在生理上与心理上不断走向成熟，逐渐完成了从依附性走向独立性的艰难蜕变。

第一，青年是自然禀赋与社会属性的共融体。罗马尼亚青年问题研究中心的研究员马赫列尔（Mahler，F.）认为，自然属性与社会属性都是人的本质，青年作为普遍意义上的人类群体，必然是自然属性与社会属性的共存。一方面，人的自然属性构成了理解人类本质及其与自然界关系不可或缺的基石，"人的自然属性属于物质的范畴，是第一性的东西"❷。毋庸置疑，人首先是自然存在物，人来源于自然界，是自然界的一部分，大自然赋予人类以自然属

---

❶ 郭沫若.郭沫若文集(第 11 卷)[M].北京:人民文学出版社,1959:91.

❷ 陈祖耀.人的本质是什么——一个需要修正的哲学命题[J].江淮论坛,2007(02):10-14.

性。与其他大自然中的其他生物一样，人类只是自然界的一个类种，自然界的物种并没有高低贵贱之分。除了人的生理机能，人的自然属性还表现在人的生理需求上。例如，饮食以维持生命活动、性欲作为繁衍后代的本能驱动力，以及对安全感的渴求以确保生存环境的稳定等自然现象，均深刻反映出人类与动物界在生物学层面上的共通性。另一方面，人又不能完全等同于动物，人是具有独特社会属性的高级生物。人与动物最重要的区别在于人类具有自由自觉的意识，社会关系与实践活动使人类与动物分割开来。人不仅离不开自然界所提供的各种基本条件，也离不开社会所创造的促进人类交流交往的空间。随着生产力的不断提升，人类逐渐产生了交往的需要，人与人之间的联系逐渐超越了简单的自然联系范畴，上升为"有目的的、有组织的社会生产"❶活动，是"通过文化规约而实现的群体活动"❷。因而青年作为人类生命周期中的一个特殊阶段，兼具自然禀赋与社会属性。青年的身体发育与心理变化是其自然禀赋的直观体现，而他们在社会中的角色定位、价值观念及参与社会实践的能力与态度，则深刻反映了其社会属性的发展变化。

第二，青年是能动主体与复杂客体的辩证统一体。青年作为能动主体与复杂客体的统一体，其本质深刻根植于青年与社会之间的动态关系中。这一关系不仅揭示了青年群体在社会发展中的独特地位，也映射出人类个体成长历程中主体性与客体性力量此消彼长的过程。展开来讲，青年与社会的互动是一种双向建构。已有的研究显示，青年阶段呈现出一种均衡状态，即主体性与客体性因素的相对平衡，这两种因素在人生命发展进程中的各个阶段的占比有所差异。儿童阶段，受制于社会的因素占据主导地位；而在成人阶段，认识与改造社会的因素占据上风；但在青年阶段，这两种因素表现为相对均等。❸ 一方

---

❶ 易小明.人的三重属性与人的二重属性[J].学术界,2005(06):196-204.

❷ 易小明.人的三重属性与人的二重属性[J].学术界,2005(06):196-204.

❸ 刘维群.青年概念与青年本质之研究[J].青年研究,1988(12):16-21.

面，青年是认识与改造社会的主体。主体是指从事认识与实践活动的现实的人，而不是人的抽象化的思维或意识，人的主体性是人作为实践活动主体的本质属性。青年朝气蓬勃，并不甘于被动接受社会的控制，而是以其主动性、自觉性与创造性的发挥，凭借创新精神、问题意识及日益成熟的社会参与能力，按照自身的需求积极主动地从事社会实践活动。另一方面，青年也是社会制约与教化的客体。人不仅是主动性的存在，也是受动性的存在。作为历史进程中的一分子，青年总是受制于社会与环境的变化，青年所享有的一切生活条件都是由社会供给的，必然要在实现社会化的道路上不断努力前进。尤其是在现代化进程日益加快的新时代，世界环境及国内社会的各个领域都出现了深刻的变化，社会转型给青年的物质生活与精神生活带来了深刻影响。青年无法选择既定的环境与条件，社会结构、文化传统、价值观念等宏观因素，以及家庭、学校、同辈群体等微观环境在前人的积累下是既定的，只能通过接受教育的方式使自我逐渐融入并适应社会的快速发展。面对复杂多变的社会环境，青年群体往往需要经历一个动态调整与适应的过程，以确保自身能够顺应社会发展的主流趋势。从这层意义上来讲，青年不可避免地作为社会制约与教化的客体而存在。

第三，青年是由依赖性迈向独立性的自我超越。儿童时期，个体享受着来自家庭、学校、社会无微不至的呵护与培养，这也使儿童产生一种依赖心态。然而，随着生理与心理的不断成熟，迈入青年时期的个体，各个层面都发生了由依赖向独立的转变。从心理层面来看，体现为"心理性断乳"现象。心理性断乳，标志着个体从心理上开始挣脱家庭的束缚，萌生出强烈的自我意识。从人的社会性来看，在青年社会化的过程中，青年的情绪、情感及个性方面的发展趋于稳定。在这一过程中，首先，青年的自我意识经历了从萌芽到觉醒的飞跃，"独立感的出现是青年自我意识发展中的一个显著特点，是青年心理发展中的正常现象。"❶若家长或教育者未能及时认识到这一心理变化，反而以不

❶ 宁维卫.青年心理学纲要[M].成都:西南交通大学出版社,1993:64-65.

当的言语压制或行为干预，限制了青年的自主性与独立性发展，极可能激发青年的逆反心理与抵触情绪。其次，"成人感"使青年对独立社会成员的身份认同与追求愈发强烈。成人礼是激发青年"成人感"的关键仪式，丰富多彩且吸引人眼球的形式让人对青年期的过渡充满期待。成人礼具有强烈的成人心理暗示，这种心理暗示不仅促进了青少年自我意识的深化，而且为他们未来的成长与发展奠定了坚实的心理基础，是引导青年主动转变自我角色、增强责任感、承担国家使命过程中的重要仪式。最后，青年独立能力的逐渐形成与独立行为的日益显现，使他们能够真正参与社会生活。随着独立思维的凸显，青年渴望融入社会，为自己寻找恰当的社会角色。他们能够通过独立解决问题、自主决策及承担相应责任，逐步构建起与社会互动的新模式，进一步巩固其作为独立社会成员的地位。

二、新时代好青年的内涵界定

上述从普遍意义上对青年一词进行了界定与解读，是我们理解新时代好青年内涵的理论基础。从构词法来看，"新时代"与"好"均为"青年"一词的限定语。但从社会科学研究的角度来看，新时代好青年并非简单的词组堆砌。"新时代"作为时空维度上的限定，指明了时代变化对青年的影响；而"好"作为价值评判的尺度，对新时代青年群体的标准提出了一定的要求。

第一，新时代好青年的年龄界限。由于各种因素的制约与影响，世界各国各地区对青年年龄的上限与下限的规定各异，不同学科对青年年龄的划分也存在差异。青年期只是个体生命周期中一个探索与成长的关键阶段，其界限的划定并非固定不变，而是依据不同国家、地区乃至文化传统等进行调整。鉴于青年期界限的模糊性与动态性，国际上存在年龄上浮或下调的现象。尽管全球范围内关于青年年龄界限的具体数值不同，但各国及地区在制定这些界限时所遵循的基本原则却较为一致。具体而言，青年年龄的下限普遍以个体的生理成熟，尤其是性成熟的初步达成作为重要标志。联合国将青年定义为 15～24 岁（含 15 岁和 24 岁）的群体，这是被普遍接受的一种界定。而世界卫生组织则将青年年龄定义为 16～44 岁的群体。联合国教科文组织认为，青年的年龄段为 16～34 岁。在我国，中国共产主义青年团规定团员为"年龄在十四周岁以上，二十八周岁以下的中国青年"❶，国家统计局将 16～34 岁的人群定义为青年人。《中长期青年发展规划（2016—2025 年）》明确对青年的年龄作出了规定，"本规划所指的青年，年龄范围是 14～35 周岁（规划中涉及婚姻、就业、未成年人保护等领域时，年龄界限依据有关法律法规的规定）"。❷ 本书所探讨的新时代好青年的年龄，以《中长期青年发展规划（2016—2025 年）》中的界定作为学术分析的基础，是指 14～35 周岁的青年群体。这一选择基于两点核心考量因素：一是时代性，该规划紧密贴合当前社会发展趋势与青年群体的实际状况，为新时代好青年的相关学术研究提供了强有力的时代坐标；二是权威性，作为国务院颁布的国家级规划，其制定过程严谨、内容全面，具有较高的政策指导性与学术参考价值，为青年年龄段的界定提供了坚实的权威基础。

第二，"新时代"是好青年的时空定位。新时代是对我国历史发展新方位的全新阐述，这是基于国内外环境及我国社会主要矛盾的变化所作出的具有里程碑意义的伟大判断。新时代的历史方位，要求我们在认识论上实现更巨大的飞跃，深刻把握这一历史方位所蕴含的时代特征、历史使命及实践要求，让我们重新审视并界定好青年这一群体的内涵与外延。其中，"新时代"既是时间维度上的限定语，也是空间维度上的限定语。作为时间维度，"新时代好青年"这一称谓，指向那些在新时代的浪潮中茁壮成长、朝气蓬勃的青年群体。青年群体并不是固定的，而是动态性的发展。历史的长河见证了青年群体的动

❶ 中国共产主义青年团章程[M].北京:人民出版社,2018:10.

❷ 中长期青年发展规划(2016—2025 年)[M].北京:人民出版社,2017:1.

态演变，自从青年这一群体进入社会发展领域，他们就在不断更迭、发展。随着时间的推移，个体的生命轨迹穿越青年期，步入中老年阶段。而同时，新的青年一代接替并延续着上一代青年的使命与担当，从而成为时代的生力军。以我国为例，不同历史时期对青年的称谓不完全相同，每一个时代的青年都留下了时代的印迹，如五四运动时期的"新青年"，新中国成立初期的"三好"青年，改革开放时期的"四有青年"等。时至今日，"新时代好青年"成了优秀青年的时代标签。不同历史时期的青年称谓，反映出国家对青年的重视程度，承载着国家及社会对他们特定时期表现的期待与厚望。作为空间维度，"新时代"不仅是一个时间概念，还映射出青年群体所处的国际国内环境急剧变化的复杂性，它指明了好青年成长与发展的宏观环境。从国际来看，全球化进程的加速、信息技术的飞速发展、文化多样性的日益凸显及国际格局的深刻调整等，为青年提供了前所未有的机遇，但经济下行、政治霸权、文化冲突及生态恶劣等全球性问题的凸显也给青年发展带来了巨大的挑战。从国内来看，我国的发展正处于关键期，也处于黄金期，政治稳定、经济繁荣、文化昌盛、社会稳定和谐及生态文明建设取得显著成效，为青年发展提供了全方位的保障。但经济快速发展、社会结构改变、文化价值观共存等多重因素交织给青年思想和精神所带来的负面影响也不容忽视。因而，"新时代"是对生长在特定历史时期及生活在特定空间环境的好青年的双重规定。

第三，"好"作为价值评判的标尺，是对青年品质、能力、行为等多方面的正面肯定与期许，体现了国家及社会对青年群体的高标准与严要求。"好"作为一个限定词，它可以形容一个人品格高尚，也可以指一件事情处理得妥当，甚至还能用来赞美一件物品的精美。尽管在不同的语境中，"好"的具体含义会有所变化，但它始终代表着一种积极、正面的评价。而"好"在此处则承载着深厚的意义，是新时代青年的价值定位。"好"体现出对青年精神品格等层面的评价标准，即新时代青年的道德品质要好。德行，作为立人之本，是评判个体是否具备完整人格的首要标准。新时代好青年要形成深层次的道德自觉，这包括恪守诚信原则、恪敬他者尊严、勇于肩负社会责任、坚定维护公平公正等，将社会主义核心价值观内化于心、外化于行，以彰显新时代青年的道德风貌与责任担当。青年的能力要强，能力是个体顺利完成社会任务与活动所表现出来的综合素质，是个体心理特征中最基本的因素。能力的高低是衡量一个人的综合素质和潜在价值的重要标准，也是评判其能否在社会中有效发挥作用的关键因素。新时代好青年的能力要强，意指青年在学习能力、思维能力、创新能力及实践能力等维度上实现均衡且高水平的发展，能够不断吸收新知识、善于分析与解决问题、勇于挑战自己。青年的行为要端正。行为是个体心理活动的直接外在显现，不仅反映了青年的内心世界，更在很大程度上决定了其社会形象与个人前途。在青年时期，由于情感调控机制尚未完全成熟，个体往往面临情绪波动较大、行为模式易于趋向极端化的挑战，这可能导致盲目冲动与突发性的倾向，进而诱发非理性的决策，其潜在后果不容忽视。新时代好青年应该做理智青年，快速适应自我的角色转变，用社会规范来严格要求自己，确保行为符合社会期望和道德标准，严格遵守法律制度，不越轨、不违法。青年的"三观"要正。"三观"，即世界观、人生观、价值观，是构成个体思想体系的核心要素，对于青年的成长与发展具有深远的影响。青年要具备科学的世界观。必须以辩证唯物主义与历史唯物主义的世界观与方法论作为指导，以理性的态度认识世界，尊重自然规律。科学的世界观帮助青年深入理解自然界的奥秘和人类社会的发展规律，形成科学的思维方式。青年要树立正确的人生观，对生命保持敬畏，对生活保持热爱，积极向上的人生观能够激励青年在面对困难时勇往直前。青年要塑造健康的价值观，追求真善美，远离假恶丑，这是价值观的核心要义。健康的价值观引导青年明辨是非，坚守道德底线，形成正直的品格。

第二节　新时代好青年的精神特质

进入新时代以来，历史与现实的交响、理论与实践的深度融合，共同擘画了新时代青年的美好形象，凝练出他们熠熠生辉的核心精神风貌。其核心特质涵括有理想以明志、敢担当以行责、能吃苦以砺志、肯奋斗以成才的优秀品质，这些优秀品质构成了一个新时代好青年的完整人格框架。具体来讲，理想信念是好青年前行的动力，责任担当是好青年肩负的使命，吃苦耐劳是好青年人生的磨砺，艰苦奋斗是好青年成功的基石。

一、有理想是新时代好青年的立身之基

理想作为一种独特的精神现象，在人类意识中占据着举足轻重的地位，是"根源于主体的需求和现实之间的矛盾而产生的、要求超越现实和超越自身的强烈愿望"。❶理想是主体在认识与实践的双重作用下，构建出的具有一定的实现可能性、关于未来与自我发展的目标与追求，既是现实条件的逻辑延伸，也是主观能动性的集中展现。而信念则是个体内心深处对于某种观念、理论、思想或命题的坚定信仰和执着追求，既体现为精神上的坚守，更体现为行动上的实践。理想信念融合了理想与信念两个话语的核心要素，是人们在精神世界建构过程中形成的一种深层次的精神追求与信仰体系。理想信念的形成不是一朝一夕的，受到社会背景及个人经历等多方面因素的综合作用。在这个过程中，个体通过对现实世界的观察、思考，逐渐形成了自己对某一思想或理念的独特理解和认识。当这种理解达到一定的深度和广度时，它便升华成为一种价值上

---

❶ 曾建平.井冈山精神与理想信念教育[M].北京:人民出版社,2023:30.

的高度认同，进而凝结成坚定的信仰和不懈的追求。

人是有理想信念的存在。人与动物都能够生存与繁衍，与动物不同的是，人有高度发展着的自我意识与类意识，且随着生产力的不断提升，这种意识也在不断进步。人类社会发展的脚步并不止于生存繁衍，而且能够构建复杂的精神世界并追求精神上的美好生活。人们不断寻找和确立自己的理想信念，以确定和指导自己的目标与行为。理想信念作为人类独有的意识与精神，构成了人类特有存在方式的重要维度，塑造了人类丰富的精神世界与存在形态。理想信念既非虚无缥缈的冥想，又非不切实际的空想。它深深植根于现实的土壤之中，同时高于现实，代表一种崇高的精神追求。理想信念的形成，并非凭空臆造，更非"高高在上"的形而上学构想，而是与我们每个人的日常生活实践紧密相连，并从个人的生活经历中汲取养分。但理想信念又不是与现实生活的翻版或复制品，它是基于现实生活与理想目标之间的张力产生的，这种张力赋予了我们对美好未来的无限憧憬与热切追求。理想信念融入我们对改变现状、探索更高境界的渴望，从而在一定程度上超越了现实的桎梏。

有理想是新时代好青年的立身之基。青年在"刚刚踏上人生之路的时候，往往对于生活抱着无限美好的向往，憧憬着未来"❶。青年只有怀抱伟大理想、坚定政治信念，才能产生巨大的动能。全球化浪潮给我国的文化生态带来了严重影响，多重价值观并存，多元思潮相互碰撞。青年身处多元文化的交汇点，面临着在纷繁复杂的价值观中进行选择的挑战，以及在多样文化形态中进行抉择的困惑。坚定的理想信念有助于青年在多元思潮的冲击下保持清晰的认知，赋予青年以明确的价值导向与行为准则，使他们在面对多元文化冲突时，能够保持独立的思考与判断，不为外界喧嚣所动，从而能够做出更为明智的价值判断和文化选择。追求理想、坚定信念的道路上总是充满坎坷，但对人生充满热忱的青年永不放弃对理想信念的追求。他们深知，"热爱人生的青年，总是在

---

❶ 《冯定文集》编辑组.冯定文集(第2卷)[M].北京:人民出版社,1989:396.

追求理想的奋斗中开拓自己的生活之路的"。●在追求理想信念的过程中，青年们要坚持将短期理想、长期理想与最高理想相结合，将人类命运、国家命运、民族命运与个人前途相结合，构建完整的人生目标体系；将个人理想与社会理想相统一，将个人的价值实现融入社会发展的洪流之中。

二、敢担当是新时代好青年的使命之责

新时代好青年要敢担当。"敢"字在描述好青年的特质时，代表着一种显性的精神品质——勇气。这种勇气使他们能够在困境中保持冷静，积极寻找解决问题的方法，而不是逃避或放弃。"敢"还深层次体现出青年隐形的自我认知和自信，这种自信使他们能够在追求个人梦想和实现自我价值的过程中，不断挖掘自己的潜力，超越自我。

青年是人才的主体，更是责任的主体。"人是有责任的生命体，责任体现了一个人的社会必然性。"●人是社会性的存在，也是关系性的存在，这一属性内在地要求个体对其社会关联域内的所有元素承担一定的责任与义务。青年，作为社会网络中的重要群体，其责任主体地位的确立，源自他们社会角色的动态演变。在人的一生中，角色扮演与责任承担是相辅相成的。角色为个体提供了在社会中定位自我、发挥作用的框架与平台，而责任承担则是角色履行过程中的伦理要求。从角色的伦理意蕴来看，人所扮演的各种角色是"一种角色权责关系和伦理行为模式的形式，明示了角色主体应当具有的角色道德权利，应当践履的角色义务和道德行为规范"●，权利与责任共同编织了角色伦理的框架。随着社会角色的逐步转型，青年逐渐挣脱对家庭与社会的过度依赖，步

● 景克宁,卫君翔.生命力量[M].北京:人民出版社,2006:166.

● 吴毅,朱世广,刘治力.中华人文精神论纲[M].北京:人民出版社,2011:270.

● 田秀云等.构建和谐社会的伦理基础[M].北京:人民出版社,2014:44-45.。

入自主承担责任的成熟阶段。在学校，他们是学生，需要为自己的学业负责；在家庭，他们逐渐成为家庭的经济和精神支柱，需要承担起家庭的责任；在社会，他们是未来的建设者，需要承担一定的社会责任；在全球视野下，他们更是世界和平的守护者、可持续发展的倡导者，肩负着保护地球家园、促进国际合作与理解的使命。

中华民族伟大复兴的使命与任务的接力棒终将会传递到新时代青年的手中。只有那些敢于承担时代重任的人，才能成为国家和人民所期盼的栋梁之才。敢担当对青年提出了具体要求：第一，面对重大的政治性及原则性问题，要敢于毫不动摇地捍卫自己的立场，而非随波逐流、摇摆不定，能够坚守真理与正义；第二，面对困境与挑战，敢于直面困难，而不是逃避与畏缩，主动寻求有效的解决方案，以坚韧不拔的精神攻克难关；第三，面对危机，在国家与人民需要的时刻，敢于挺身而出，冲在一线，保护人民的生命与财产安全；第四，面对失误与错误，青年们应以虚怀若谷的心态坦然接受批评，勇于承认并改正错误，主动承担起由此产生的一切后果。

三、能吃苦是新时代好青年的成事之要

从生理学的角度来看，"苦"表现为一种直接的味觉感受。例如，当我们品尝某种食物时，会感受到"苦涩"的味道。动物们有着高度敏锐的味觉系统，它们能够感知包括"苦"在内的多种味觉。但人不仅是一种自然存在物，更是一种精神存在物。从这层意义上来讲，"苦"是人的一种心理感受或情绪体验，是人的精神存在的重要反映。卡西尔认为，人与动物的根本区别，实际上是理想与现实、可能性与现实性的区别。人的生活世界的本质特征，在于总是趋向于探索和追求"可能性"，这与动物被动接受直观展现的"事实"形成

鲜明对比。因此，人能够超越"现实性"的固有界限。❶ "苦"是一种多重的人生体验，不仅指物质上的匮乏和艰辛。更指精神上的不满足和挣扎。物质层面，"苦"体现为人的基本生活需求无法得到满足导致的生存困难状况与生活的艰辛。这种"苦"是实实在在的，它关乎温饱、住所和安全，是每个人为了生存而必须面对的挑战。精神层面的"苦"往往是指精神上的不满足，这种精神贫乏可能是由于缺乏精神寄托、情感支持、自我实现的机会而造成生活目标的迷茫和失落。

在新时代的语境下，能否具备吃苦耐劳的品质，是对青年身体素质与心理素质的双重考验。追逐理想的道路上布满了荆棘，然而，这并不代表新时代的青年就要束手就擒、坐以待毙面对痛苦与困难。反之，痛苦是激发青年内在坚韧不拔、勇于克服困难的精神力量的契机，"痛苦是保持和促进人之本性的头等力量"❷。"宝剑锋从磨砺出，梅花香自苦寒来"，能吃苦是新时代好青年的成事之要，青年要提升个人对生理或心理的痛苦状态的可接受度。正视与面对痛苦与苦难，坚持不懈、勇往直前，必将发现更强大的自我。新时代青年应将吃苦耐劳视为一项必修的人生课程，不断地磨砺，培养起坚韧不拔的意志品质与积极向上的生活态度。正如有学者所言："个人的生命、民族的生命、人类的生命、时代的生命永远伴随着砥砺生命的痛苦；个人的成功、民族的兴旺、人类的发展、时代的进步则正是勇敢地正视痛苦、迎接痛苦的累累硕果。"❸

四、肯奋斗是新时代好青年的必由之路

奋斗是指为实现自己合理正当的目的而不懈努力进行的一系列实践活动过

---

❶ 车玉玲.总体性与人的存在[M].哈尔滨:黑龙江人民出版社,2001:40.

❷ 尼采.快乐的知识[M].黄明嘉,译.北京:中央编译出版社,20019:211.

❸ 陈鹤鸣,余俊卿.超越苦难(上)[M].南宁:广西人民出版社,1995:3-4.

程。理想到现实之间的距离看似遥不可及，但正是通过不懈奋斗，我们才逐步缩小这一差距，并实现自己的目标的，因而，奋斗是"人的意志力转化为物质力量的具体体现"❶。奋斗既是一种积极主动的精神状态，也是一种实践过程。作为一种积极主动的精神状态，奋斗象征着不屈不挠、锲而不舍的坚毅品质，彰显了顽强拼搏与英勇抗争的精神，深刻反映了个体对于理想与目标的坚定追求，是主观能动性及自我超越意识的集中表现。作为一种现实的实践活动，奋斗需通过明确的行为来得以落实，这一过程要求明确的目标设定、合理的策略规划及持续的努力。在人类创造历史的过程中，奋斗精神与奋斗行为始终贯穿于人类发展的始终，它们不仅是人类历史进程中的重要推动力，更是人类文明得以延续与繁荣的根本保障。没有奋斗，人类文明的火种或许早已熄灭于历史的尘埃之中，历史进步的书籍也将失去其最为辉煌的篇章。纵观人类发展史可知，自原始社会至工业时代，社会进步的每一步皆镌刻着人类奋斗的足迹，既体现为原始社会中祖先以坚毅之志与恶劣自然环境的抗争，也体现为农业时代人类对自然资源的深度开发与利用，更体现为工业时代人类科技创新水平的飞跃发展。因而，只有奋斗才是人类文明不断延续与发展的精神之钥。

"青年之文明，奋斗之文明也，与境遇奋斗，与时代奋斗，与经验奋斗。"❷奋斗是通往成功的必经之路，肯奋斗是新时代好青年成才和成功的必由之路。中华民族能屹立于世界民族之林，其根本在于中华儿女始终秉持不屈不挠、自强不息之奋斗精神，铸就了中华民族的繁荣与荣耀。中华民族从站起来、富起来到强起来的过程，深刻反映了中国社会的发展轨迹，同时也镌刻着无数中国青年的奋斗足迹。这一过程不仅是中国近现代历史的缩影，更是中国青年不懈努力、自强不息精神的集中体现。然而，对于人类来讲，奋斗与成功之间的关系并不是简单的因果关系，即奋斗并不必然导致成功，但成功往往离

---

❶ 张远灯."选择"的哲学[M].北京:人民出版社,2013:246.

❷ 中国李大钊研究会编注.李大钊全集(第一卷)[M].北京:人民出版社,2006:167.

不开奋斗。从逻辑学角度来看，这两者之间的关系可以视为一种必要非充分条件的关系。但这并不意味着，人生奋斗就失去了价值与意义；相反，奋斗本身就是人类个人价值与社会价值的双重体现。"奋斗既是一种应当，也是一种美好的体验。在奋斗中才能体验到生命的活力，才能享受到生活的快乐。因为在奋斗中才能体现自己作为主体的能力和价值，让自己在世界中存在的过程彰显自我能力和价值，是一件让人满足的事。"❶奋斗的本质远远超越了单纯达成特定目标的范畴，是个体在历练中的自我成长与提升。它赋予了我们在不确定世界中寻求确定性的能力，通过持续不断的努力，我们能够在变幻莫测的环境中找到自己的定位，为人生赋予意义。这种意义的构建，是个体内心深处的满足感与对自我价值的深刻认同，是心灵层面的一种深刻觉醒与升华。

第三节　新时代好青年的培育目标

有理想、敢担当、肯奋斗是新时代好青年的精神特质，但这种精神特质，绝非与生俱来，而是经由不懈追求、深刻磨砺与持续自我超越的结晶，是后天精心培育与自我修炼的辉煌成果。因而，新时代好青年的核心培育目标是：以知识为翼，求真理的才气青年；以修养为要，求道德的正气青年；以激情为火，求创新的朝气青年；以实践为基，求务实的青年。这深刻体现了求真务实、崇德尚新的时代要求，旨在锻造出一批能够引领未来、担当重任的新时代青年力量，成为合格的接班人。

---

❶　王立仁.人生意义论[M].北京：人民出版社,2014:171.

一、求真：培养有"才气"的青年

"才"的含义非常广，涵盖了才能、成才、人才等多重意思。随着社会的进步与时代的发展，对于具备高度专业素养与技能的人才的需求日益凸显，这种需求的激增推动了人才学的诞生与发展。作为一门专门研究人才成长的科学，人才学专注于探究人才成长规律，致力于揭示个体如何成为优秀人才的深层次过程。关于人才内涵的界定，由于国内外学术界和实践领域采用的标准存在差异，因此对人才的定义也呈现出多样性。在国内学术界，王通讯教授提出的定义——人才是"为社会发展和人类进步进行了创造性劳动，在某一领域、某一行业，或某一工作上做出较大贡献的人"❶，获得了国内广泛的认可与共鸣。这一定义为新时代好青年的培育目标指明了方向。有"才气"的青年，是指在新时代的背景下，通过不断学习与实践，以创造性劳动为驱动，在投身于国家建设与社会进步的浪潮中展现出较高的能力与潜力，从而为社会发展与时代进步产生推动作用或做出一定贡献的青年人才。王通讯教授进一步阐述了"才"作为才能的含义所蕴含的双重维度。他提出，"才"作为才能之含义是智力技能系统与操作技能系统的复合体系。人的成长成才是智力技能系统与操作技能系统相互配合、和谐共生的结果。正是从这层意义上来讲，有"才气"的青年既要具备扎实的理论功底，又要拥有卓越的实践能力。

具体而言，智力技能系统涵盖了认知、分析、判断、创新等高级思维活动的能力，体现出青年掌握理论知识的深度与广度；而操作技能系统则是将理论知识转化为经验实践，进而转化为现实生产力的关键要素，体现出青年运用知识解决实际问题的能力。罗洪铁指出，"在人的个体结构中，知识结构和能力结构居于重要地位。人才个体结构的开发，就是要通过教育、社会实践等形

---

❶ 王通讯.人才学通论[M].天津:天津人民出版社,1985:1-2.

式，对其传授书本知识和社会实践知识"❶。因而，具备"才气"的新时代青年，一方面，应该拥有扎实的基础知识与专业知识。首先，增加青年的知识储备。青年所拥有的知识越多、越广、越专，在人才竞争中越容易脱颖而出。其次，帮助青年构建合理的知识结构。知识并非简单的信息堆砌或大杂烩，而是一个具有内在逻辑、重点与层次的系统性框架。青年知识结构的构建需要按照由浅入深、由易到难的顺序，在掌握整体知识框架的基础上把握重点。最后，提升青年的知识水平。人的知识水平没有"完成时"，只有"进行时"。作为人类认知世界的产物，知识的本质在于不断探索、积累与革新。应该着重培养青年对本专业领域知识动态的敏锐度，帮助其掌握最新理论与实践的研究成果。另一方面，应该具备丰富的实践经验和专业技能。知识的价值应回归于现实，实践是检验真理的唯一标准，动手能力的强弱，已然成为评估青年综合素质的一个核心指标。帮助青年积累丰富的实践经验与掌握专业技能是培养"才气"青年的关键策略。丰富的实践经验能够帮助青年提升解决实际问题的能力，而专业技能是青年职业生涯的绿色通行证。

二、求德：培养有"正气"的青年

在中国传统文化的语境中，"正气"一词常用来形容人的一种刚正不阿、正直无私、积极向上、充满正能量的气质和精神状态。"浩然正气"不仅是个人品德修养的至高追求，更是中华民族始终坚守的民族气节与精神象征。"正气"可以体现为多重精神气质，如公正无私、大义凛然、谦逊有礼等，代表着一种生活态度与生活哲学，但"正气"一词首先体现为一种深厚的道德意蕴与崇高的精神追求。

新时代好青年的培育实际上包含双重意蕴，即"成人"教育与"成才"

---

❶ 罗洪铁,周琪.人才学通论[M].北京:人民出版社,2013:217.

教育。曾经在一段时间内，教育领域在某种程度上陷入了"重技轻德"的误区，过分强调对知识与技能的培育，而忽视了人格塑造、道德伦理等的培育，造成了教育过程中忽视"成人"教育而单纯追求"成才"教育的偏颇。正如竺可桢先生所讲，当时的大学教育单纯追求对学生进行专业技能和知识的传授，而忽视了他们道德品质的培养，长此以往，或将引发深层次的社会问题与文化危机，其影响可谓"积重难返，流弊甚深"❶。仅仅注重对学生知识与能力的培育，极易造成教育的失衡，甚至将会对人才的培养起到反作用，"有知识、有能力，决不等于力量能够充分而正确地发挥。只一味培养学生有渊博的知识与强大的能力，而忽视提高素质，后果如何，很难想象。"❷这就如同给了孩子一把锋利的剑，却没有教会他们如何安全、恰当地使用它。

有"正气"的青年首先是具备高度道德感的青年。道德，作为人类社会发展的精神基石与永恒追求，不仅承载着人类对"至善"境界的无限向往，更是人类不懈追求成为"更为完善之人"的崇高理想之体现。道德的本质深深植根于人性之中，是人类超越一切生物而独有的、具有超越性意义的本质特征。无论是西方对"美德"的向往，还是中国传统文化中对"君子人格"的塑造，人类对崇高道德的追求从未停滞，彰显了人类对道德价值的普遍认同与不懈追求。道德的力量，使人类的生活状态呈现出一种超越物质束缚的崇高与自由。正如康德所言："道德力量包含了人类最伟大的赫赫战功，也是人类唯一的、真正的荣耀。"❸ 道德在完善人的生存状态与生活质量层面发挥了不可替代的作用。

❶ 浙江省政协文史资料研究委员会.浙江文史资料选辑(第40辑)[M].杭州:浙江人民出版社,1990:75.

❷ 教育部高等教育司编.深化教学改革培养适应21世纪需要的高质量人才 第一次全国普通高等学校教学工作会议文件和资料汇编[M].北京:高等教育出版社,1998:578.

❸ 伊曼努尔·康德.人性与道德[M].王宇,译.长春:吉林出版集团股份有限公司,2017:65.

新时代青年培育的重要目标之一是塑造一批崇德求善、充满"正气"的青年。这一目标的设定,深刻体现了社会进步对于个体道德品质的内在要求,也反映了新时代背景下教育所承载的崇高使命,教育的"最高理想就是使人从一般意义上的'生存'状态中超越出来,朝着道德性的'存在'状态不断迈进。"❶新时代所呼唤的好青年,是德、智、体、美、劳全面均衡发展的人才。其中,"德"之要素被置于首要位置,被视为"成人"的基石与先决条件。这既是对青年个体内在品质的期许,也是对国家立德树人教育根本任务的积极响应与具体实践。"立德、立言、立功"是中国传统文化中对于人生价值和成就的高度概括,它们被视为人生的三大不朽事业,而冯友兰先生认为,三不朽中,"立德是最要紧,而且也是每一个人都可以做到的。"❷因而,新时代青年的培育应该坚持"德才兼备,以德为先"的核心理念,培养国家与民族所需要的"明大德、守公德、严私德"青年人才。

三、求新:培养有"朝气"的青年

"朝气"一词最初意指自然景象,指清晨初升时分,空气中弥漫的那份清新与纯净,或是大自然所展现的生机勃勃、活力四射的景致,也可以诠释为自然界生物所蕴含的顽强生命力,是一种万物苏醒、生机盎然的感官体验。这一自然意象,不仅是对自然界周期性更迭的生动刻画,也隐含着一种内在生命力的勃发与对外界探索的渴望。随着人类话语符号体系的不断丰富,"朝气"超越了其字面意义上对自然景观的描绘,成为一种反映人类精神面貌与心理状态的文化符号,被赋予了人格化的特质。深刻体现出人类在面对未知与挑战时所

---

❶ 韩丽颖.立德树人:生成逻辑·精神实质·实践进路[J].东北师大学报(哲学社会科学版),2016(06):201-208.

❷ 冯友兰.冯友兰论教育[M].北京:人民出版社,2010:112.

展现出的不屈不挠、勇于探索的精神风貌，往往内蕴着不甘于失败的精神。在当代语境之下，"朝气"蕴含着积极向上、发展进步之气的含义。当提及有"朝气"的青年，我们指的是那些展现出积极向上、锐意进取、具有饱满精神状态的年轻人。他们以开拓创新的行为方式，彰显了新生代所特有的活力与创造力。

"朝气"往往与"新生"联系在一起，有"朝气"的青年具有新鲜生命之活力与激情。"青年如初春，如朝日，如百卉之萌动，如利刃之新发于硎"❶。青年时期是人的生命进程中尤为可贵的时期，这得益于青春期个体身心发展的稳定性。这一时期，在身体素质上，个体的生理机能到达前所未有的巅峰状态；而个体的心理也快速成熟，尤其是"自我意识、自我控制及自我调节能力得到充分发展，使青年表现出特有的智慧和活力"❷。因而，青年象征着无限的可能与希望，这是培养"朝气"青年的最佳时期，"朝气"不仅是青年身份的标志，更是其身心潜能全面释放的集中体现。

创新作为推动社会进步与发展的重要引擎，是培育新时代"朝气"青年的核心要素。而不断地"求新"也是新时代好青年不断提升自我、超越自我的内在动力，"求新"精神的彰显，正是新时代青年朝气蓬勃、活力四射的生动写照。一方面，善于"求新"的青年生命力更强。在复杂的时代环境中，人才的筛选、淘汰与再配置已经常态化。而富有创新精神的青年，往往不会囿于传统观念与常规框架，更勇于涉足未知领域，在人才竞争中展现出优势。这种"求新"意识使他们在复杂多变的社会环境中保持高度的适应性与韧性。另一方面，善于"求新"的青年活力更足。青年阶段，个体对外部世界的求知欲与好奇心较强，这种内在动力驱使他们不断追求新知、掌握新技能，从而能真实地体验到创新带来的成就感与满足感，这一过程本身便是一种能量的巨

---

❶ 陈独秀.陈独秀文集（第1卷）[M].北京：人民出版社,2013:89.

❷ 黄蓉生.青年学研究[M].成都：四川人民出版社,2009:306.

大释放，极大地激发了他们的活力与创造力。因而，在教育过程中，要激发他们的创新思维，提升他们的创新能力，从而帮助他们释放出青春应有的生命力与活力。

四、求实：培养有"底气"的青年

"底气"是指，个体在对自身综合实力进行全面认知与评估的基础上，结合外部环境因素及条件，所形成的一种内在确信的积极心理状态。"底气"的应用范围广泛，它在不同的语境下所表征的内涵并不相同，但总是蕴含着一种基于坚实基础的自信与力量。如中国人文化自信的"底气"深植于博大精深、源远流长的中华优秀传统文化之中。国家进步与发展的"底气"，牢固地建立在人民这一历史主体的伟大力量之上。国家参与国际竞争的"底气"源于国家综合国力的显著提升和国际地位的不断增强。社会和谐稳定的"底气"则主要源于国家治理体系和治理能力的不断优化与提升。综合来看，"底气"是综合实力、自我认同、高度自信等正面心态的深度融合。综合实力是"底气"形成的基础，个人、民族或是国家实力的不断强化，自然会产生一种内在的自信与安全感，这种自信与安全感正是底气的重要来源。自我认同是"底气"形成的心理根基，当个体能形成清晰的自我认知与评价，并能够明确自我价值，深化自我认同，其内心便会充满力量与信心。高度自信则是"底气"的外在表现。当个体的自我认知程度提高之后，其言行举止中都会透露出一种从容不迫、胸有成竹的自信。这种自信的气质正是"底气"的重要体现。

实事求是是新时代好青年最大的"底气"。有本事才有"底气"，这里的本事是指青年要秉承实事求是的做人做事原则。"底气"的充盈与否，根本上取决于青年是否愿意并能够付诸真诚的努力，即是否愿意下真功夫以探索真理，耐得住苦功夫以持之以恒，扎得实真功夫以精益求精。当一个青年能够以实事求是的态度去面对生活和工作，便能够展现出扎实的实力和自信果敢的精神风貌；反之，若青年缺乏务实精神，则易陷入犹豫不决、怯懦退缩的境地，表现为决策上的优柔寡断与行事上的唯唯诺诺。求实是新时代好青年必备的素质，更是青年教育体系中至关重要的培养目标。新时代好青年的培育要坚持实事求是的原则，以培养说真话、办实事、重实践、求实效的优秀青年人才为目标。"唯有务实方有所成，华而不实必致无果。"❶说真话，就是要诚实守信、坦诚相待，拒绝弄虚作假与欺骗行为；办实事，就是以解决实际问题为导向，深入社会现实生活中，直面挑战；重实践，就是要积极参与实践，坚持理论联系实际，将所学理论知识熟练运用到实践中，提升实践水平与能力；求实效，就是秉承脚踏实地与求真务实的精神，注重效率与效果的双赢，避免陷入形式主义的陷阱。培养实事求是的"底气"青年，这一目标深刻揭示了青年成才成人的内在逻辑：唯有秉持真诚与务实，以诚为本、以实为基，勇于探索真理、不懈追求卓越，方能在复杂多变的社会环境中站稳脚跟。

---

❶ 袁宏禹.当代"中国智慧"的多维阐释[M].北京：人民出版社,2023:94.

新时代好青年培育的价值之维

作为一支活力四射、青春靓丽的建设队伍，每一代青年都曾以其独特的智慧、激情与创造力，成为连接过去与未来、传承与创新的重要力量。培育一支优秀的新时代青年人才队伍能够对国家、社会的发展产生巨大价值。我们应从青年的时代定位出发，深刻理解好青年话语提出的意义，全面把握培育好青年的价值意蕴。

第一节　青年的时代定位

在四季更替的过程中，春天的来临象征着生命力的觉醒，它赋予万物以新生，使生命体在这个时节焕发出勃勃生机。同样地，青年在人类社会中扮演着类似春天的角色，他们如同初升的朝阳，散发着无尽的光与热，为社会的进步与繁荣注入了持久而强劲的动力。"春天是造物者对大地的恩惠，青年是造物者对人类的恩惠。"❶青年无疑是人类历史进程中弥足珍贵的宝藏财富。进入新时代以来，中国的巨大腾飞离不开青年这支庞大队伍的贡献。青年是时代演进与历史变迁的见证者，以独特的视角与敏锐的洞察力把握时代脉搏、捕捉时代掠影；青年是民族复兴与国家未来的建设者与接班人，肩负承前启后、继往开来的时代重任；青年是社会发展进步的革新者，凭借勇往直前的勇气成为推动社会变革的重要力量。

一、青年是时代演进与历史变迁的见证者

青年是随着社会生产力的不断提高而出现的特殊群体，体现了人类历史发展进程的进步性特质。特定的历史与时代背景深刻影响并塑造了每一时代的青年。好青年不仅是新时代精神风貌的集中展现，更是新时代发展轨迹与历史变迁的见证者与直接参与者。青年群体在新时代的广阔舞台上，不仅见证了国家综合实力显著提升、科技进步日新月异、社会结构深刻调整等历史性的巨大变化，更应抓住这些变化所带来的发展机遇。

---

❶ 唐君毅.青年与学问[M].成都:四川天地出版社,2022:3-4.

新时代孕育好青年，"时代造就青年，盛世成就青年"。❶对于当下的青年来讲，新时代是青年发展最好的时代。新时代以来，中国在各个领域所取得的令人瞩目的巨大成就，为青年的成长成才提供了难得的人生机遇，当代青年所享有的一切良好条件与机遇是新时代的"馈赠"。这种"馈赠"不仅体现在物质条件的改善上，更体现在精神世界的丰富和价值观念的引导上。

其一，新时代经济建设的成就为青年提供了更好的生活质量与更多的发展机会。中国经济总量跃居世界前列，经济保持稳定增长的态势，即使是在疫情期间，中国成为经济唯一实现正增长的国家。同时，经济结构不断调整，经济质量不断提升，成为世界第二大经济体，中国经济在全球的实力与影响力显著增强。其二，新时代政治建设所取得的成就为青年成长提供了更为民主的空间环境与更为完善的政策支持。中国特色社会主义制度的完善与国家治理能力的提升，不仅拓宽了青年民主参与的渠道，还增强了其社会治理的参与感与主体性。中国特色社会主义法治体系的丰富与完善，为青年权益提供了坚实的法律保障，法治教育与文化的普及则进一步提升了青年的法治素养。其三，新时代文化建设所取得的成就进一步满足了青年对精神美好生活的追求。中华优秀传统文化的创造性转化与创新性发展卓有成效，优质文化产品的供给不断扩大，文化服务的质量和效果显著提升，极大地满足了青年群体对精神文化产品多元化、高质量的需求。社会主义核心价值观得到广泛弘扬和践行，成为凝聚社会共识、引领社会风尚的重要力量，在文化强国建设过程中，青年的文化自信明显增强，全社会凝聚力和向心力极大提升。其四，新时代社会建设取得的成效为青年的发展提供了和谐稳定的社会环境。社会保障体系的日益完善，特别是在居住、医疗、养老、生育等基本民生领域的全面保障，使青年能够更加专注于个人成长与发展。政府针对青年群体推出的系列扶持政策与措施，不仅为青

---

❶ 中华人民共和国国务院新闻办公室.新时代的中国青年[M].北京:人民出版社，2022:5.

年创业、就业提供了有力支持，还构建了全方位的社会保障网络，确保了青年在追求梦想的道路上有坚实的后盾。脱贫攻坚战取得重大胜利，顺利完成全面建成小康社会的目标，人民的幸福感、获得感不断提升。总体看来，我国社会秩序稳定，社会治安形势良好，社会治理取得成效，为青年营造了安全有利的社会环境。其五，生态环境的持续改善为青年提供了更高品质的生产与生活空间。新时代，我国坚持绿色发展理念，推动经济发展方式转变，致力于构建生态优先、绿色低碳的发展模式。在农林牧副渔等各领域实施的环境治理举措成效显著，生态环境保护制度体系不断健全，为青年创造了更加宜居、宜业的生态环境。此外，新时代中国综合国力的增强与国际地位的提升为青年提供了更为广阔的发展空间，提升了我国青年在国际交流与合作中的自信与地位。在构建人类命运共同体的倡议下，中国青年拥有了更多的走出国门、走向世界的机会，能够以全球视野与世界其他国家的青年积极进行友好交流与学术研讨，主动融入全球化发展的潮流之中，在世界舞台上发中国之声、讲中国故事。

总之，新时代以来，青年作为社会结构与国家面貌改变的见证者，经历了从稚嫩到成熟的蜕变，实现了从民族视角到全球视野的转变。青年群体始终是时代进步的见证者，也是时代成果的享有者。在推动中国式现代化的进程中，青年通过实际行动诠释了新时代的青年精神。

二、青年是民族复兴与国家未来的建设者与接班人

青年时期是人类代际传承的交汇点，青年群体在社会发展进程中扮演着不可或缺的角色。每一次波澜壮阔的社会变革，历史的镜像都能够捕捉到青年的身影，并通过不同的话语形式记录下青年的奋发有为。故而，青年在社会历史进程中处于"承上启下、继往开来的地位，他们从老一辈人手中接过历史的

火炬，奋发创造，再交给下一代青年人照此延续"❶。实现现代化不是一蹴而就的事情，每个国家的现代化进程都是一个复杂而漫长的社会变迁过程，它要求不同世代间的紧密合作与接续奋斗。青年的成才成长，直接关系到国家与民族的未来。历史与现实的诸多例证昭示，无数青年人在民族危亡及国家重大紧要关头挺身而出，为中华民族伟大复兴作出了应有的贡献。那些震撼人心的历史奇迹，无一不是青年人以蓬勃的朝气、无限的创意和不屈的精神共同铸就的。没有青年人的积极参与和无私奉献，没有青年人的接替与创造，就没有国家的繁荣富强，就没有社会的进步发展。青年不仅是国家建设的奠基人，更是国家未来事业的接班人，他们深刻地影响着国家的发展方向和民族的命运走向。

一个民族或国家应该将希望寄托于青年，基于对其独特本质——趋向未来的深刻理解。罗马尼亚研究员马赫列尔曾深刻提出，青年群体蕴含的趋向未来之本质，是生命历程中尤为鲜明的特质。具体而言，从人这一生中年龄阶段的状况来看，不同年龄阶段对于过去与未来的关注程度是有所差异的。在青年时期，由于"时间领域上的不对称"❷，这种差异显得尤为突出，即青年对未来的无限憧憬与规划占据了主导地位。追求未来是青年的自然天性，也是青年特有的本质，"标志着青年与其他年龄的不同并对青年的发展具有本质意义的一点，是发展超过经验。"❸这意味着，在青年阶段，个体的成长和发展潜力远超过他们所拥有的实际经验。这种潜力使青年对未来的追求与渴望能够得到充分释放，在面对未知和挑战时，能够迅速学习、适应并超越自我。

青年是国家的未来，也是世界的未来，关注青年就是重视未来，赢得青年

❶ 邱伟光主编.青年学[M].重庆:西南师范大学出版社,1988:158-159.

❷ 马赫列尔.青年问题和青年学[M].陆象淦,译.北京:社会科学文献出版社,1986:157.

❸ 马赫列尔.青年问题和青年学[M].陆象淦,译.北京:社会科学文献出版社,1986:157.

便是赢得未来。"青年一代有理想、有本领、有担当，国家就有前途、民族就有希望。中国的未来属于青年，世界的未来也属于青年。"❶国家的事业必须后继有人，国家的发展需要青年来建设。国家事业的持续繁荣与稳定，民族文明的薪火相传，在于国家对青年一代的重视程度。青年群体为国家与民族的发展注入新的活力，从而保障国家事业的稳步前行与民族文明的绵延不绝。青年群体的轮换更迭，是历史规律的必然体现，也是国家与民族发展进程中的常态现象。虽然没有永远年轻的一代，但每一代新的青年都以满腔的热情和强烈的责任感，肩负起推动国家进步和传承民族文明的历史重任。他们不仅继承了前人的智慧与成果，从前辈手中扛起建设祖国的重任，更在此基础上勇于创新、敢于突破，为国家和民族的发展开辟了新的道路。正是这种代代相传的精神，使国家和民族的发展能够持续不断，中华民族文明在历史的长河中得以源远流长，彰显出强大的生命力和适应能力。"未来是青年实现理想的领域，亦是日益自由与自觉行动的领域。"❷未来是属于青年的，要对青年付出百分百的信任，他们定将在实现梦想的康庄大道上大有作为，展现出无限的潜力与才能，书写壮丽青春的史书。

三、青年是推动社会发展进步的革新者

陈独秀有言："青年之于社会，犹新鲜活泼细胞之在人身。"❸青年不仅是最具生命力的群体，而且是最具朝气与活力的群体，更是最具创造力的群体。历史上诸多的社会变革与复兴，往往由青年一代揭开序幕，他们在其中扮演了先锋与引领者的角色。任何一个时代的革新与复兴，都需要一股强大的推动力

❶ 中华人民共和国国务院新闻办公室.新时代的中国青年[M].北京:人民出版社,2022:43.

❷ 黄蓉生主编.青年学研究[M].成都:四川人民出版社,2009:81.

❸ 陈独秀.陈独秀文集(第1卷)[M].北京:人民出版社,2013:89.

量。青年以独特的创造力、激情和勇气，成为这股力量的核心。无论是政治、经济还是文化领域，青年都发挥出了强大的革新作用。青年时期是人逐渐脱离家庭、学校的庇护而实现自主独立的过程，这一过程并非单纯的适应或顺应，而是一个复杂的个人与社会互动、冲突与融合的过程，面对未知的世界与未来，青年群体开始展现出一种开拓的精神和态度。正如有的学者所提出的，"从适应到开拓，边适应边开拓，显示的正是青年从社会的依附地位成为社会的独立成员的发展轨迹"❶。

青年时期人的生命体所展现出的特有的生理与心理特点，共同铸就了青年成为社会革新者的必然命运。在这一时期，身体机能的巅峰状态赋予了青年无尽的活力与潜能，而心理层面的好奇、叛逆与理想主义，则激发了他们探索未知、挑战现状、追求卓越的强烈愿望。正是这些生理与心理的双重优势，使得青年能够勇敢地站在时代的前沿，成为推动社会进步与变革的先锋力量。其中，青年成为社会革新者主要取决于以下几个关键因素：第一，青年对世界保持强烈的求知欲。青年正处于人生观、世界观与价值观形成的关键时期，他们开始正视与评价自我。为了有效构建自我角色与确认自我身份，青年群体展现出对知识的前所未有的渴求。他们对世界充满了好奇与探索的欲望。这种强烈的求知欲驱使青年不断学习新知识、掌握新技能，同时也促使他们勇于质疑既有观念，寻求更加科学合理的解释与答案。第二，青年对事物保持持续的新鲜感。青年群体在对待新事物、新思想、新观念上展现出极高的接纳度与敏感度，这主要得益于其敏捷活跃的思维模式与敢于突破陈规的勇气。相较于其他年龄阶段，青年更不易受制于传统观念的束缚，他们敢于以开放包容的心态拥抱变革。第三，青年有着积极主动的参与感。青年是社会变革的生力军，每一次重大变革，都推动人类社会制度与意识形态的更替，也促进人类社会的发展。革命年代，青年是积极投身到推翻封建统治、争取民族独立的伟大事业中

---

❶ 黄志坚主编.青年学[M].北京:中国青年出版社,1988:72.

的革新者，是革命理想的传播者，更是革命行动的践行者；建设年代，青年是积极投身到实现"四个现代化"宏伟事业中的建设者，积极响应国家号召，为国家现代化建设贡献了青春力量；改革年代，青年是积极投入到改革开放洪流之中的探索者与建设者；新时代，青年是以昂扬的姿态和饱满的热情投身到实现中华民族伟大复兴的中国梦征程中的参与者，是民族复兴的追梦人，更是中国式现代化的践行者。

然而，正是由于青年对新思想与新观念有高度的开放性与容纳度，青年极易成为不良思潮的接受者。青年正处于个人知识体系构建与社会经验积累的初级阶段，他们的理论基础与实践经验相对薄弱，在面对海量且复杂多变的社会信息、多元思想观念的交织碰撞时，其辨别真伪、判断是非的能力受限。某些具有迷惑性、煽动性或极端主义倾向的思想价值观念，可能会利用青年的强烈好奇心与旺盛的求知欲，乘虚而入，侵蚀其思想根基，扭曲其价值观念，进而干扰其价值判断，对青年的身心产生负面影响。因而，社会各界要高度关注青年的身心变化以及思想动态，以科学的世界观与方法论为指导，帮助青年远离不良思想的影响，加强正面引导，使青年成为推动社会变革与创新创造的先锋力量。

第二节　新时代"好青年"话语提出的意义

"好青年"话语的提出，既是出于对新时代背景的现实考量，也是落实青年一代使命与任务的应然之意。"好青年"深刻蕴含了对青年精神风貌的重新诠释与深度挖掘。其中，有理想、敢担当、能吃苦、肯奋斗作为新时代青年的核心特质，不仅为"好"字赋予了更为丰富而深刻的内涵，也构成了青年群体自我认同与社会评价的新标准。新时代"好青年"话语的提出，首先，是对青年形象的崭新描绘与重新定义，映射出国家与社会对青年精神面貌与价值追求的全新构想；其次，体现国家对青年成长的深切关怀与高度重视，展现青年工作在国家发展大局中的重要地位及其战略意义；最后，这一新型的话语表述是国家和社会对青年个体能力与贡献的广泛赞誉，更是对青年人才群体价值的高度肯定与积极评价，能够帮助青年人才实现社会认可。

一、"好青年"话语是新时代背景下对青年形象的新建构

从认知心理学的角度来讲，形象与人的感觉器官密切相关，"是以想象的方式完成的表意实践"❶。形象是人进行认知活动过程中形成的对感觉对象的整体印象，是作为主体的人对人或事物的整体认知情况，也是一种融合了个人主观经验与基本认知的表意性心理实践活动。形象是一种主观见于客观的实践活动，并非一种抽象。正如莎尔托夫所认为的："形象是作用而非事物，或者在某种情况下的意识、感觉和知觉，并不是在脑海中简单投射出来的东西。"❷作为主体对客体（人或事物）的全面认知产物，形象蕴含了个人主观的经验，是主体内部的心理活动，使形象的生成与建构带有着强烈的主观色彩。换言之，不同主体基于其独特的认知框架与情感倾向，对同一客观对象可能产生截然不同的形象感知与描绘，因而形象并不是主观臆造的产物，而是一种客观的实践活动，即形象的生成或建构是以客观存在的事物或者人为基础的。形象所指向的对象的姿态、状态或样貌，无论是自然界中的山川河流、生物百态，还是人类社会中的文化符号、艺术创造，无一不是客观存在的实体或现象。即使是那些人类想象或者幻想的形象，如神话小说中的各种形象塑造等，也是以现

---

❶　李勇.西欧的中国形象[M].北京:人民出版社,2010:17.

❷　转引自张志海.现代领导与新闻媒体[M].北京:人民出版社,2013:344.

实世界的人物与事物为依托的。因此，形象的生成与建构过程是主体认知与客观存在辩证统一的过程。

人物形象是形象中的一种特殊形态，常见于文学作品中，是对某一人物的相貌样子、精神气质、心理活动、行为举止乃至思想情感、价值观念等的立体呈现。某一人物在作者精湛的笔触与独特的艺术手法之下，被赋予了鲜明的个性与独特的魅力，往往能够给读者留下深刻的印象，成为文学长廊中不朽的经典。青年形象属于一种人物形象，拥有青年这一群体所具有的共同特征，是国家、社会与人民以怎样的眼光与期望看待青年的问题。青年形象之"形"是指客观存在的青年群体，展现了他们的成长、社会参与及文化认同等方面的共性；青年形象之"象"则体现了国家、社会、人民对青年的广泛认知与情感投射。

"好青年"作为新时代对青年形象的新诠释，既是社会对青年这一群体的个性化认知与情感投射的结果，又是对青年这一现实群体直接或间接的真实反映或象征性表达。"好青年"的提出，实质上是社会各主体在深刻剖析时代背景、社会环境及青年群体内在心理特质与外在行为模式基础上，对青年群体进行的一次集体性的想象、塑造与构建，既凸显了不同历史时期对青年角色定位与功能要求的差异性，又体现了对青年未来发展的深切关怀与积极培育。有理想、敢担当、能吃苦、肯奋斗作为新时代好青年的精神标识，是对"好青年"这一形象的准确与细致的描摹。这一描述并非对青年形象简单的标签化，而是对青年形象的共同特征进行的综合性描绘。有理想、敢担当、能吃苦、肯奋斗是对青年的整体认知、评价与期待，成功地捕捉到了青年群体在新时代背景下所共有的心理特质、行为模式与价值追求。第一，"好青年"是符合时代精神、具有鲜明时代标识的话语表达，体现青年群体形象的历史变迁与动态演变。第二，"好青年"是关乎青年个体进行自我认知与自我评价的话语框架，为青年提供了自我审视与自我激励的镜鉴，能够帮助青年及时更新奋斗目标。第三，"好青年"是青年群体在新时代背景下的新角色的话语定位，强调了他们所承载的社会责任、道德期望与历史使命。

二、"好青年" 话语彰显新时代国家青年工作的重要战略地位

青年的发展与培育直接关系着国家的长远发展。青年工作的使命与任务是为国家培养优秀的后备人才，是否将青年工作放在国家发展的重要战略位置，是衡量一个国家对于人才培养体系构建及未来发展方向重视程度的重要标尺。放眼全球，全面保障青年群体的合法权益已成为多国政府战略规划的核心议题，并将其视为推动国家持续发展与进步不可或缺的要素。很多国家都颁布了一系列推动青年工作的政策与措施，展现出对青年全面发展与福祉提升的高度关注。墨西哥为保障青年与其他人群享有公平的教育、文化、就业等机会，最大能力帮助青年消除一切行使权利的障碍，特颁布《墨西哥国家青年计划》，目标是"改善青年生活质量、开发青年潜力和承认青年多样性"❶。为改善危机时期青年人的生存与生活状况，法国政府以"为青年谋福利"为行动指南，根据青年在健康、教育、住房及文化等多个维度的具体需求，提出了青年优先计划。俄罗斯于2014年颁布了《俄罗斯联邦至2025年国家青年政策纲要》，纲要指出，青年工作的目标是为培育优秀的青年人才提供最为便利的条件，"使青年的社会经济状况得到优化、青年的社会经济参与度得到提升"❷。全国从中央到地方各级政府均需积极参与并有效执行相关政策，共同为青年成长成才创造最优条件。联合国于2018年发布的《青年2030：联合国青年战略》的全球倡议，将对青年群体价值的广泛认同与高度重视提升到国际层面。该战略旨在构建一个全面支持青年发展的国际环境，确保青年权益得到有效保护，青年

---

❶ 共青团中央国际联络部.国外青年与青年工作[M].北京:中国青年出版社,2020:17.

❷ 共青团中央国际联络部.国外青年与青年工作[M].北京:中国青年出版社,2020:184.

活力得以充分释放，并对青年在全球范围内的积极贡献给予高度认可与赞赏，强调"在和平与安全、人权和可持续发展这三个支柱下的工作中与青年合作、为青年服务"。❶

从我国对青年工作的规划来看，进入新时代以来，青年群体作为推动国家发展进程的关键力量，其战略地位愈发显著，亟须一套系统的纲领性文件来引领与保障青年事业的稳健前行。2017 年我国颁布了《中长期青年发展规划（2016—2025 年）》。该规划作为一份权威性、专门化、综合性和完整性的政策文本，广泛涵盖了青年发展工作的各项规定，覆盖了青年发展的多维度、多层次需求。此规划将针对青年群体的政策性文件提升至国家战略层面，将青年发展工作融入国家顶层设计，我国青年工作迈向了一个全新阶段。"好青年"话语的提出则是国家与政府根据时代发展与青年需求对培育新时代青年的目标、任务与标准、导向所作出的积极的战略调整与反应。

一方面，"好青年"话语的提出体现国家层面科学的育人构想，为新时代的育人工作指明了方向。培养有理想、敢担当、能吃苦、肯奋斗的新时代青年，既是社会科学研究领域的一项重要课题，也是实践育人领域中的一项系统工程。从理论研究来看，好青年的培育是社会科学研究领域一项极具价值与挑战的育人课题，对学术研究者的能力与水平提出较高的要求，要综合运用教育学、心理学、社会学、政治学、青年学等多学科的理论工具与方法论，系统探讨新时代背景下青年发展工作的内在规律与外部环境。从实践育人的层面审视，好青年的培育是一场生动的社会实践与育人探索。要以立德树人作为根本任务，发挥家庭、学校与社会的合力作用，加强三者的协同配合，完善育人理念、细化育人目标、优化育人环境、提升育人能力与质量，将理论研究落实为具体的教育行动。

另一方面，"好青年"话语的提出是对国家青年工作规划中的青年优先发

---

❶ 共青团中央国际联络部.国外青年与青年工作[M].北京:中国青年出版社,2020:12.

展理念的进一步落实。青年首先发展理念是深刻认识到青年在历史长河中占据的主体性地位及他们所展现出的巨大能动性，从而将青年发展工作放置于国家事务的重要战略层面的重要原则遵循，"是对青年发展在国家事业整体格局中的占位界定"❶。"好青年"通过对青年形象特征的描绘及具体标准的设定，实际上为国家在青年发展工作方面提供了更为具体的参照系。通过对"好青年"话语的具体探讨，国家进一步明确了青年在社会发展中承担的角色与任务，标志着国家对青年工作的认识与规划更加深化。

三、"好青年"话语能够推动青年人才社会承认的进程

罗洪铁教授指出，社会承认，是社会对于个体作为成才者或人才所展现出的综合素质与所取得的成就，所实施的一系列正式或非正式的确认、赞誉与接纳的行为或活动，这些行为或活动构成了对人才价值的肯定与认可机制。❷人才可以划分为显人才与潜人才。显人才的成就与贡献已得到肯定并受到国家和社会的正式认可，从而成为社会广泛认知与赞誉的群体。相比之下，潜人才则蕴含着巨大的潜能与未发掘的价值，其潜力有待于社会机制的激活与认可机制的介入方能显现。并非所有的人才都能被挖掘与使用，只有那些被社会承认的显人才及其成果才能真正得到认可，从而成为为国贡献的人才。因而，社会承认被视为由潜人才向显人才质变的关键节点。合理、及时及有效的社会承认能够极大地激起青年的自信心与潜力，得到肯定与认可的青年能够以勇往直前的勇气追寻更大的成就、获得更多的成果。而不及时、不公平的社会承认，会导

---

❶ 朱尉.新时代青年工作理论与实践研究[M].西安:陕西师范大学出版总社,2022:158.

❷ 罗洪铁,周琪.人才学通论[M].北京:人民出版社,2013:169.

致社会承认失误现象的发生，引发一系列的负面影响。当个人的成果与才能未能得到应有的公正认可时，不仅可能导致优秀人才的埋没，甚至可能引发人才的流失。

最大化地发挥青年人才的作用，释放青年人才的潜能，实现才尽其用，社会承认在其中扮演着举足轻重的角色。为了实现社会承认过程的公正性、有效性与科学性，必须避免两大极端倾向："承认不足"与"过度承认"。"承认不足"指的是对于已取得一定成就或成果的人才，社会未能给予与实际成就相匹配的认可与赞赏。这可能削弱人才的积极性和自信心，导致其产生失落感。"过度承认"则表现为对人才的评价与认可超出了其实际贡献和价值。其后果可能导致人才资源的错配，使得某些人才在不具备相应实力的情况下获得过高的社会地位和资源，从而导致社会不公平现象。这两者均可能扭曲人才评价的真实面貌，阻碍人才潜力的充分发挥。社会承认是对人才及其成果的客观性评判，这一过程要求排除一切非客观因素，尤其是主观偏见、情感倾向及外部利益的干扰，以确保评价结果的纯粹性和公正性。"公正的社会承认即社会承认主体持公平、公正、公开的原则，对人们的创造性成果做出正确的评判，既充分肯定具有价值的创造性成果，又不对没有意义的成果妄加褒扬。"❶如果社会承认的过程掺杂了主观色彩，都是对人才及其成果的不尊重，是对青年人才的不公平对待。

"好青年"话语中关于青年标准的设定有利于保证社会承认的客观性和科学性，可以作为对青年人才进行社会承认进程中的客观评价标准之一。"好青年"的话语提出，通过传递积极向上的价值观、明确的行为准则和成功的典范，为社会提供了一个评价青年人才是否具备所需能力、是否能够胜任未来工作的参考框架。有理想、敢担当、能吃苦、肯奋斗所涵盖的青年人才的标准远超过了其字面意思，从知识能力、理想信念、伦理道德、价值观念、思想政治

---

❶ 罗洪铁,周琪.人才学通论[M].北京:人民出版社,2013:175.

等对青年人才进行了规定。这一综合评价体系为青年人才设定了全面发展的目标，同时也为社会对青年人才的认可和选拔提供了科学的依据，构成了评估青年人才社会价值的客观标尺之一。因而，"好青年"话语揭示了国家与社会对青年人才进行社会承认过程中所遵循的客观标准，及其在构建青年人才评价体系中的核心价值与导向作用。此外，"好青年"的提出体现出多元社会主体对青年的信任、肯定、鼓励与鞭策，对青年的成长成才寄予厚望。这一话语的兴起，也为新时代青年人才培育工作提出了新的、更高的要求，要发现青年人才的优点、关怀青年人才的需求、相信青年人才的潜力、支持青年人才的梦想，保证国家或者政府对青年人才的社会承认。

第三节　培育新时代好青年的价值意蕴

　　培养优秀的青年人才是新时代赋予教育的使命与任务，而国家与社会培育的青年人才，也将成为推动国家发展、民族复兴、社会进步及个人价值实现的重要力量。从国家层面来讲，培育新时代好青年有利于推动国家的进步发展，实现国家的可持续繁荣，确保国家在全球竞争格局中占据有利地位；从社会层面来讲，培育新时代好青年有利于激发社会活力，使青年成为引领社会正能量的前沿人才，从而推动构建积极向上的社会氛围、促进社会的全面和谐与进步；从个人层面来讲，培育新时代好青年有利于推动个人全面成长成才，能够助力其在各自领域内取得卓越成就，实现个人潜能的最大化释放，实现自我价值。

一、有利于推动国家发展，实现国家持续繁荣

　　在青年人才的形成与成长的过程中，有两大关键因素起着决定性作用。一方面是个人所具有的先天禀赋，体现在智力、创造力、运动力或者领导力等方

面的差异，先天优势是人才能够在特定领域脱颖而出的契机。然而，天赋若未经后天勤勉地磨砺，则仅是一种隐而未发的潜能。另一方面是后天的实践与奋斗，包括所处的环境、接受的教育、积累的经验及克服的困难与挑战，等等。良好的成长环境是青年成长成才的必要条件，而教育则是塑造人才的重要力量。只有通过系统学习与培训，才能获得必要的知识与技能，提升自己的能力与素质。一个国家在青年教育方面的投入力度，不仅体现了该国对未来发展潜力的重视，更在某种程度上决定了其能够从青年一代中获取的综合收益。这种投入与产出之间的正相关关系，彰显了青年人才的培育在国家发展战略中的核心地位。鉴于此，要使青年的巨大潜能转化为推动社会发展的力量，必须通过正向的教育引导，即通过加大对青年的教育投入，提升青年教育质量，加速青年人才队伍建设，培育坚定政治理想、敢于担当国家大任、能够吃苦耐劳、不断艰苦奋斗的新时代好青年。

从国家发展的内在动力维度分析，培育新时代好青年是国家实现持续繁荣与进步的必由之路。"一个国家，只有当它的青年一代成为现代人，它的青年一代从精神、心理、行为上都塑造成现代人格，都能在工作生活的各方面获得某种与现代化相适应的现代性，这样的国家才可能真正成为现代化国家。"❶培育新时代好青年能够为国家创造更多的物质与精神财富，为国家发展奠定坚实的基础、构筑发展优势。无论是物质文明的生产还是精神文明的生产，无论是人的体力劳动还是脑力劳动，青年以其体力优势、智力优势、心理优势等，成为劳动生产的主力军，在劳动结构中占据较大比例，对国家与社会所作贡献的比例也十分显著。随着时代的不断发展，社会对现代化水平的要求逐渐提高，一个国家的现代化水平与国家的政治、经济、文化、生态、科技、外交、国防密切相关。只有发展到一定程度，国家的现代化才有可能成为现实。而这一目标的实现，离不开具备高度现代化素养的青年人才的深度参与和卓越贡献。现

---

❶ 黄蓉生主编.青年学研究[M].成都:四川人民出版社,2009:309.

代化国家对青年人才提出了更高的要求，期望他们能成为新时代的领军者。在此背景下，作为劳动生产主力军的青年，更需要系统化、高层次的教育培训体系与终身的学习机制，培育新时代好青年，有利于提升青年的现代化素养，从而使他们能够在实现国家现代化进程中承担起一定的责任，作出一定的贡献。

从国际竞争的战略高度审视，培育新时代好青年是我国在全球人才争夺战中占据制高点、赢得主动权的重要战略抉择。"青年'跟谁走'，未来就属于谁，这是中外政治发展史上的一条基本规律。"❶优秀人才历来是各国争夺的重要人力资源，一方面，"智力竞争时代的来临标志着人才价值看涨"❷，各国对人才智慧价值有着普遍认同和广泛共识，认识到优秀人才对国家发展所具有的不可估量的价值。另一方面，现代化进程的加快与产业升级的深化对高层次人才的需求量激增。全球化的趋势打破了传统的人才地域限制，促使人才资源在全球范围内优化配置，实现了从"本土化"向"国际化"的深刻转变。然而，这一转变对我国发展构成了严峻挑战，人才的全球流动给我国带来了巨大的压力。有学者指出，在中国经济全面跨入世界经济体系的过程中，所面临的最大威胁就是人才的流失，"人才竞争是中国经济与世界接轨后的竞争战略重点"❸。总体来看，我国的国际人才竞争优势较为明显，如蓬勃的经济发展潜力、庞大的市场、充足的人口资源与人才红利等。但也存在较大的劣势，具体表现为"有量无质"❹，即如何将庞大的潜在人力资源有效转化为高质量的人才资源。在国际人才争夺的较量之中，我国亟须通过构建全面、完善的人才教育培养体系，加大对人力资本的投入，而培育新时代的好青年，无疑是对人才资源最高效的教育投资。只有加大对培育有理想、敢担当、能吃苦、肯奋斗的

❶ 潘洵.青年在中国革命、建设和改革中的作用研究[M].北京:人民出版社,2016:5.

❷ 武博.当代中国人才流动[M].北京:人民出版社,2005:91.

❸ 武博.当代中国人才流动[M].北京:人民出版社,2005:94.

❹ 王辉耀.国家战略——人才改变世界[M].北京:人民出版社,2010:100.

好青年的投入，国家才能源源不断地收获出类拔萃的青年人才。聚焦新时代好青年的培育，我国不仅能有效缓解当前人才供需的结构性矛盾，还能在国际人才市场中构建起坚实的人才防线。

二、有利于激发社会活力，引领社会新风尚

青年是社会人口结构中占比较大的群体，作为发展的中坚力量与未来希望的承载者，青年的精神风貌、道德素养及整体发展状况深刻影响着社会风貌。青年是否能成长成为新时代的好青年，是否兼具社会要求的精神特质，对社会的发展活力与风气产生决定性作用，"没有数量不断增长的人才队伍，没有国民中人才所占的比重的不断提高，国民素质和国民经济素质是不可能稳定提高的。"❶社会中优秀青年的比例与社会的发展活力及道德风貌之间存在着密切的正相关关系，具体而言，社会中青年人才占比越高，青年的精神状态越好，展现出积极向上的精神风貌，越能促进整个社会的道德风貌向更加正面的方向发展。据此，培育新时代好青年对社会发展的影响主要体现在，不仅能够增强社会的活力，推动社会的进步和发展，还能够塑造积极向上的社会风尚，提升整个社会的道德水平。

一方面，培育新时代好青年有利于激发社会活力，调动青年创新创造的积极性与主动性，推动社会释放与增强活力。汪建教授提出，所谓社会活力，是指"在一定自然历史条件下，一定社会系统的生存与演化的自主能力。"❷社会是由人及其关系编织而成的庞大网络。究其本质而言，社会系统是伴随人类历史进程而逐渐产生的，因而，社会系统生存与演化的自主能力来源于人这一历史的主体。社会活力产生于人们社会生产、生活的需要，而社会活力的保持与

---

❶ 张连如.国民经济素质评价与分析[M].北京:商务印书馆.2005:147.

❷ 汪建.社会活力:解放与创造[J].天津社会科学,1999(03):9-14.

增强更依赖于人作为主体在社会进程中发挥的主体力量。由此观之，社会活力实质上是人特有的自由自觉意识在社会实践领域的实现，保持社会活力的不竭源泉，在于每一个体主体性的充分激活与展现，即个体在社会舞台上积极主动、创造性地发挥自身潜能。人的社会生活状况与精神状态构成了影响社会活力保持、释放与增强的双刃剑。当社会成员广泛而积极地投身于各类社会活动之中，并对其展现出高度的参与意愿与行动热情时，能够激发社会各个层面的活力因子，促使社会呈现出一种生机勃勃、充满活力的繁荣景象。相反，若社会成员对公共生活的参与度显著下降，积极性遭受抑制，则会导致社会互动减少，信息流通受阻，创新动力减弱，最终使整个社会陷入一种沉闷、滞涩的状态，社会便会死气沉沉，缺乏活力，不利于社会及个人的发展。"一种束缚人们主体性和竞争性的制度与体制，必然使社会生活缺乏活力和生机。要使社会生活呈现一派欣欣向荣的局面，必须重视提高人的主体性和竞争性。"❶青年人才是构成社会活力的关键要素之一，青年人才的朝气与活力是社会进步的动力。为了壮大国家的人才队伍并激发社会活力，需要通过培育新时代好青年来实现这一目标。在培育过程中，帮助青年增强主体意识，提升主体能力，引导青年展现良好的风貌与精神状态，树立积极向上的生活态度，激发他们的积极性和创造性，进而带动整个社会的活力和生机，从而有利于激发社会活力。

另一方面，培育新时代好青年有利于形成良好的社会风尚，传播社会正能量，突出好青年在新时代的文明先锋作用。社会风尚，作为特定历史时期内普遍盛行且深刻影响社会成员行为模式与思维习惯的风气与习俗，是道德观念与价值导向在社会层面的广泛体现。它不仅是该时代社会成员共有的道德认知与价值取向的反映，更在潜移默化中塑造了时代精神的整体轮廓，成为衡量社会文明程度与道德发展水平的重要因素。一个国家的社会风尚，与人民的主流价值观密切相关。社会主义市场经济体制的深化，对传统的社会道德结构提出了

---

❶ 冯颜利.科学发展与社会和谐基础理论问题研究[M].北京:人民出版社,2012:78.

第二章 新时代好青年培育的价值之维

严峻挑战，催生了一系列道德领域的复杂议题。如道德失范、社会不文明现象、人际关系破裂等因素对良好社会风尚的形成造成了阻碍。培育新时代好青年，是推动形成良好社会风尚的重要举措。"在社会风尚的形成过程中，个人既借助于集体力量，又能表现为集体力量，社会风尚是社会成员互动的合力的结果。"❶通过系统的培育，我们旨在将新时代青年塑造成一群信念坚定、充满活力、敢于担当、艰苦奋斗等拥有良好的道德素质与高尚道德情操的群体。"社会风尚也具有明显的趋同性。"❷当青年群体能够拧在一起形成一股强大的正能量时，这股力量将以鲜明的价值观导向与积极的行为示范，深刻影响到周围人群，推动社会向更加开放、包容、创新的方向发展，可以带动整个社会形成积极向上的文化氛围，激发社会的正能量。

三、有利于实现青年个人的全面成长成才

实现人的自由全面发展是人类社会所追求的崇高目标，新时代好青年的培育要紧紧围绕实现青年个人的全面成长成才这一目标。青年的成长成才仅依靠其自身的热情与自觉远远不够，必须接受一定的教育指导。好青年的培育是一个多维度、全方位的教育过程，它不仅涵盖了青年理想信念的信仰教育，包括对其责任担当意识的教育、青年吃苦耐劳的劳动教育及青年艰苦奋斗精神的教育。这些教育内容触及了青年成长的各个层面，既包括了文化知识的学习，也注重思想道德的熏陶。好青年的培育并非一蹴而就，而是一个长期且持续的教育实践过程。这一过程不仅需要理论的传授，更需要实践的锻炼，以确保青年能够在理论与实践的交融中不断成长。此外，好青年的培育具有普遍性与全面性，培育过程贯穿青年成长的始终，覆盖全体青年人群，直至他们达到新时代

---

❶ 叶飞霞,刘淑兰.引领文化与文化引领[M].北京:人民出版社,2012:174.

❷ 同❶.

好青年的标准，推动了青年成长成才的社会化进程。

　　一方面，新时代好青年的培育能够帮助青年树立自我意识，推动自我价值的实现。教育最大的价值追求，应该在于帮助人们唤醒内心的自我意识。自我意识作为个体心理发展的高级阶段，其强化对于青年的成长具有重要意义。自我意识比较强的青年，在自我认知、自我规范及自我价值的实现上都比自我意识较弱的人显现出一定的优势，因为"人在自觉意识产生后，就获得了主动发展的永不枯竭的动力与热情"❶。培育新时代好青年的过程，就是帮助青年提升自我认知、形成自我规范、实现自我价值的过程。从自我认知的角度来看，新时代好青年的培育为青年提供了一个认识自我、审视自我、理解自我的机会，"人以及人的生活的真正价值，存在对灵魂的自我审视和对生活的自我批判中。"❷青年通过接受知识、文化与思想层面的教育与引导，能够明确自我定位，勇于正视与接纳自我的不完美，避免出现自卑、自傲、自负等认知偏差及自我认同危机。从自我规范的角度来看，在明确自我定位基础上的自我行为规范十分重要。对好青年的培育包含了道德品质与法律规范等层面的制度教育，以促进青年群体道德认知的深化与法律意识的觉醒。这能够培养青年良好的道德品质与行为规范，掌握与牢记社会规范。通过在社会互动中强化自我约束的自律行为，青年能够在各种环境下都严格遵守法律规定，恪守道德。从自我价值实现的角度来看，通过全面而系统的培育，青年能够明确目标，制订实现梦想的计划，并在道德品质、知识技能，以及社会责任感等方面得到显著提升，使青年能够充分施展自己的才能，在需要自己的岗位上各显其能。

　　另一方面，新时代好青年的培育帮助青年提升综合素质。新时代对青年的培育并非单一向度，而是对青年进行德、智、体、美、劳全方位的培育。这种全面的培育模式不仅关注青年的科学文化素养，更重视其思想道德素养的提

---

❶　林格.回归教育本质[M].北京:清华大学出版社,2015:152.

❷　李丽.文化困境及其超越[M].北京:人民出版社,2013:90.

升，以培养出既有深厚知识基础，又有高尚道德情操的新时代好青年。科学文化素质是青年在职业竞争中占据优势的重要基础。随着科技的飞速发展和知识的不断更新，具备扎实的专业知识和熟练的职业技能成为青年在职场上脱颖而出的关键。新时代好青年的培育目标之一是使其认识真理、追求真理、坚持真理，以科学的精神不断创新进取，"没有科学精神，科学便失去了根基，人类就失去了全面发展的力量源泉。"[1]通过系统的培育，青年能够深刻理解科学的本质，不断拓展知识边界、提升技能水平，运用科学的世界观与方法论思考世界、认识世界、探索世界。思想道德素质是青年在社会中立足的根本，也是新时代好青年培育的灵魂。"道德事业，超越了教育是科学、教育是意识的认知，科学、艺术，倘若没有道德的充盈和支撑，就不可能是真正的教育"[2]。新时代致力于培育具有远大理想、高尚的道德目标、有责任担当的青年，强调个人价值与社会价值的统一、个人责任与社会责任的平衡，将立德树人融入各学科的教育过程，注重培养具有高尚思想道德素质的青年，能够引导青年树立正确的世界观、人生观与价值观。

[1] 陈小鸿.论人的自由全面发展[M].北京:人民出版社,2004:399.
[2] 成尚荣.最高目的[M].上海:华东师范大学出版社,2017:18.

新 时代好青年培育的
文化之源

　　教育与文化之间存在固有的联系，教育是文化得以传承与延续的载体与手段，文化为教育提供了可供选择的内容与资源，使教育具有深厚的文化底蕴。正如哲学大师冯友兰所讲，中华优秀传统文化"是社会，不是宇宙；是人伦日用，不是地狱天堂；是人的今生，不是人的来世"❶。中华优秀传统文化是中华民族的文化瑰宝，是中华儿女文化自信的根源，体现了对自然、人性、道德及审美追求的深切关注。中华优秀传统文化内容的广博

---

❶　冯友兰.新原道：中国哲学之精神[M].北京：北京联合出版公司,2018:5.

性、体系的完整性及育人价值的深远性，对于塑造青年一代的思想文化、价值观念具有不可估量的积极作用。我们致力于培育的新时代好青年，应当是德才兼备、全面发展的优秀人才，"德"与"才"缺一不可，"文化是思想活动，是对美和高尚情感的接受。支离破碎的信息或知识与文化毫不相干……我们要造就的是既有文化又掌握专门知识的人才。"❶在培育新时代好青年的过程中，我们应当充分发掘并利用中华优秀传统文化的独特优势，深入挖掘其中蕴含的丰富教育资源，为青年的全面发展提供坚实的文化支撑。青年要充分发挥自身的文化主体性，增强文化自信，主动担负起新时代传承与弘扬中华优秀传统文化的重要使命。

第一节　新时代好青年培育的传统文化底蕴

中国辽阔的土地之上，中华民族在五千年的历史长河中孕育并发展了中国传统文化。这一独属于中国人"浪漫"的文化体系，成为中国人民引以为傲的基石，更是中华民族最宝贵的精神财富与文化瑰宝，对中国近现代及世界的发展产生了巨大的影响。中华优秀传统文化，深深植根于每个中国人的心灵深处，成为中华民族身份认同与情感寄托的核心内容。这份文化传承，是中华儿女的生命之根、灵魂所依。它汇聚了中华民族世代的智慧精髓，赋予中华民族在逆境中坚韧不屈、勇于开拓创新的无穷精神力量。从教育价值的维度来看，中华优秀传统文化是新时代培育好青年的文化价值来源。一方面，是根源于中华优秀传统文化本身的教育意义，其在培育新时代优秀青年方面展现出独特的

❶　阿尔弗雷德·怀特海.教育的目的[M].北京:北京师范大学出版社,2018:1.

优势；另一方面，中华优秀传统文化中包含丰富的教育思想资源，是培育新时代好青年的传统文化素材，为青年的成长成才提供了源源不断的养分，丰富了新时代好青年培育传统文化底蕴。

一、中华优秀传统文化培育新时代好青年的突出优势

人与文化之间存在密切关联。人是文化性的存在，对文化的形成与发展起主导作用，而文化作为一种力量同样能够对人的身心发展产生影响。教育，从本质上而言，是一种文化传承与创新的过程，旨在将人类历史长河中积累的文化精粹以系统化的方式传递给下一代，实现个体从自然人向社会人的转变。在这一过程中，文化育人展现出独特的教育价值。它借助文化价值观，使人们在潜移默化的文化熏陶下，自然而然地汲取智慧的养分，这些养分不仅滋养着他们的精神世界，更在无形中推动着他们朝着更加全面的方向发展。新时代优秀的青年人才"必须借由传统文化完成价值领域和精神世界的整合和发展，以获得文化的新生，以及由这种发展带来的信仰体系、价值自律和道德重构，最终达到精神生命的完整性"。❶中华优秀传统文化作为中华民族深厚历史积淀与智慧的结晶，以其绵延不绝的生命力与独特魅力，传承至今。这不仅为青年教育提供了丰富的文化土壤，更以其独特的教育价值，在塑造青年品格、提升其文化素养方面发挥着举足轻重的作用。

（一）中华优秀传统文化是培育新时代好青年的文化资源优势

实践活动的顺利开展离不开一定资源的有效利用。新时代好青年的培育作为一项教育实践活动，是涉及社会、国家、学校等多层面的文化育人实践活

---

❶ 周妮.传统文化的现代创生及教育价值[J].宜春学院学报,2019,41(11):53-56.

动，需要丰厚的文化资源作为坚实支撑。中华优秀传统文化资源是指那些在中华民族历史进程中，经过无数代中华儿女的经验积累与实践探索，逐渐沉淀而成的具有深厚中华民族特色和文化根基的物质与精神文化资源总和。中华优秀传统文化资源是文化资源中的一种特殊类型，是中华民族特质文化与精神风貌的反映，是历代传承的各种思想、精神、观念、意识形态的总体表象。❶ 中华优秀传统文化以其生生不息的旺盛生命力、历久弥新的时代性与博大精深的独特魅力，使传统文化资源在培育新时代好青年中夺得一席之地。

中华优秀传统文化旺盛的生命力能够为新时代好青年的培育提供源源不断的文化资源。众所周知，中华文明被誉为世界上唯一"不曾断裂的文明"，中华文明所孕育的传统文化资源具有时空上的连续性。"文化或历史虽然不免经外族的入侵和内部的分崩瓦解，但也总必有或应有其连续性"❷。纵向来看，中国传统文化体现出一种清晰而连贯的历史脉络与时间延续性。以儒家文化为例，自春秋时期孔子创立儒家学说以来，历经战国、秦汉、唐宋、明清等各个历史时期，儒家文化始终贯穿其中，且每个时代都孕育出了杰出的思想文化代表。横向剖析，中华传统文化之所以能够生生不息，得益于其内部各元素、机制之间的和谐共生，以及对外部文化的宏大包容性。传统文化内部总体的稳定性与均衡性，使中华文化在面对外来文化冲击时能够保持自身的独立性和完整性。

中华优秀传统文化历久弥新的时代性能够为新时代好青年的培育提供符合时代需求的文化资源。中华优秀传统文化是中国人民的根与魂，任何时候都不能丢掉传统。正如冯友兰先生所认为的，虽然中华民族的传统文化已经融入民族历史的过去中，但它是"将来中国新文化的一个来源，这不仅是过去的终

---

❶　闵洁.传统文化资源与品牌建构研究[M].北京:人民出版社,2021:27.

❷　贺麟.文化与人生[M].上海:上海人民出版社,2018:11.

点，也是将来的起点"❶。传统文化是不断发展着的存在，在每一次时代的更迭与社会的变迁中，传统文化非但未曾凝固为过往的镜像，反而展现出了非凡的自我更新与适应能力。因而传统文化在新时代教育体系中不应该被边缘化，而应该成为现代化教育进程中的精神支撑与动力源泉，这是由于那些深谙传统文化精髓并受其滋养的个体"总是希望在原来基础上创造出更加真实、更加完善或更加方便的东西"❷。正是这种与时俱进的特质，使传统文化在新时代背景下依然能够焕发生机，作为主体的人们能够根据自我与时代的需求在传承的基础上对传统文化进行创新，将传统与现代相融合，为好青年的培育提供既贴合青年实际又符合时代发展的教育内容。

中华优秀传统文化博大精深的丰富性能够为新时代好青年的培育提供多样化的文化资源选择。中国传统文化是一种多元文化的"混合物"，彰显出中国广阔疆域与多元民族特色下的文化融合之美。各具特色的文化之间不断交流与传播，造就了中华文化的多样性，中华民族史上多次出现了中华文化大发展、大繁荣的壮丽景象。中国是世界上文化资源最为丰富的国家之一，其涵盖了诗词、书画、音乐、舞蹈、建筑、戏曲、哲学、思想道德等多个领域。特别是在思想道德资源方面，蕴含着"自强不息"的奋斗观、"厚德载物"的道德观、"天人合一"的自然观、"民为邦本"的民本观、"仁义礼智信"的交往观、"精忠报国"的爱国观、"内圣外王"的修养观、"因材施教"的教育观、"知行合一"的实践观、"天下兴亡、匹夫有责"的责任观、"不以物喜不以己悲"的人生观，等等。然而，这只是庞大的中华文化资源谱系中的冰山一角，还有诸多待挖掘的文化矿藏，这些显性与隐性的文化资源为当今培育好青年提供多元化的选择。但又必须清醒地认识到，尽管我们坐拥庞大的文化资源体系，但

---

❶　冯友兰.阐旧邦以辅新命[M].上海：上海远东出版社，1994：230.

❷　董成雄.中国优秀传统文化的系统解读和传承建构[D].厦门：华侨大学，2016：29.

"文化资源大国并不等同于文化大国"❶，如果不注重对文化资源的使用，便会造成文化资源的浪费。

（二）中华优秀传统文化培育新时代好青年的价值优势

在众多育人方式中，文化育人是一种具有特殊价值的育人方式。尤其在新时代好青年的培育过程中，中华优秀传统文化更是凸显出其他育人方式无可替代的价值优势，这种优势体现在它能够发挥出超越一般育人方式的作用滋养与塑造青年。这一独特作用，深深植根于文化育人的内在逻辑之中。一方面，文化具有教育性。文化作为一种教育力量，其核心机制在于通过"化人"这一过程，引领人类从野蛮状态迈入文明时代，促使个体超越动物性本能，步入社会性的轨道。同时，文化的传承、再生产及创新等都要借助教育这一人类特有的社会性方式，"无论何种形式的文化，其以教育的内容展现出来，都是人类生产和生活经验的再现"❷，彰显了文化所内蕴的教育本质。另一方面，教育具有文化属性。"在某种意义上说，教育即文化，教育的本质是人与文化之间的双向建构。"❸教育是一种特殊的文化现象与文化活动，文化的力量与作用渗透于教育的全过程，影响着教育的目标、内容、环境及效果等。一个国家的教育史可以体现出一个国家的文化史。作为文化传承与创新的实践载体，教育本身就是文化实践的具体体现，其制度设计、理念革新、方法演进等，不仅承载着文化的内涵，也是人类文化的一种外在表现形式，它们是人类文化宝库中的重要部分。

中华优秀传统文化的创造性转化与创新性发展勾勒了新时代好青年培育的文化环境。人既是社会的存在，也是文化的存在，因而，人所处的环境就是文

❶ 陈正良.中国"软实力"发展战略研究[M].北京:人民出版社,2008:103.

❷ 李建国.文化育人的哲学省思[J].高等教育研究,2014,35(04):8-15.

❸ 刘献君.论文化育人[J].高等教育研究,2013,34(02):1-8.

化的环境。文化环境是指围绕个体或群体而存在并对其产生影响的各种精神文化条件状况的综合。❶ 人是创造文化环境的主体，但人也总是生活在他们所创造的文化环境之中，并受到文化环境的深刻影响。人们不是通过主动选择而置身于这个世界，"人一来到世界，先于并独立于他而存在的文化就包围并统治了他"❷，之后的生活中无时无刻不在与文化环境发生互动，而且随着社会化的进程，人类能够自然融入并持续参与文化环境的构建与再生产过程。当前人类社会的文化环境，是历史长河中无数文化创造与传承累积的结果，是文化传统与时代精神交织融合的产物，"凡是历史上存在过的文化，都参与今天的文化创造，影响和干预当下和未来人们的文化生活。"❸正是在这个意义上，中华优秀传统文化作为中华儿女长期文化活动的结晶，更以其优秀的内容与形式构成了培育新时代好青年的文化环境。每一种文化传统的存续，均根植于特定的文化生态之中，中华优秀传统文化正是我们结合新时代的特点与需求，不断地进行创造性转化与创新性发展，重新审视并批判性地继承了那些仍具有时代价值的文化元素，通过推陈出新、革故鼎新的方式，使传统文化在新时代背景下重新焕发出勃勃生机与活力。这一主动选择与文化重构的过程，深刻体现了中国对待传统文化的态度，不仅是对过去的一种情感联结与价值认同，更是对未来文化生态构建的一种责任担当。对中华优秀传统文化秉承尊重与负责任的态度，将有利于营造新时代青年成长成才的优渥文化环境。

中华优秀传统文化培育新时代好青年的价值意义日益凸显。对传统文化认知的科学化，构成了传统文化能够有效培育新时代好青年之价值意义的重要前提。从历史唯物主义的角度来看，社会存在决定社会意识，文化作为一种社会意识总是受到经济基础的影响。目前，中国社会经历了前所未有的深刻变革，

---

❶ 参见马志政.文化环境的作用及机理[J].浙江社会科学,1999(01):96-101.

❷ 应雪林.怀特的文化决定论评析[J].浙江学刊,1998(02):117-120.

❸ 苗伟.文化优化论[M].北京:人民出版社,2020:248.

正处于从传统向现代全面转型的关键时期。这一转型过程，不仅体现在经济结构的深刻调整、社会制度的根本变革上，更在于文化生态的多元化发展。现代化不可避免地要触及文化传统，关于传统文化在现代化转型中的角色与功能，学术界始终存在激烈的讨论与争鸣。经过对传统文化进行的长期理论探索与实践检验，我们逐渐建立起对中华优秀传统文化及其时代价值的更为客观、理性与科学的认知框架。"唯有拥有正视中国传统文化糟粕的勇气，并努力寻求、探索一条现代转型的路子，我们的中国文化才有生命力"❶。这一认知摒弃了全盘接纳或全盘否定的极端立场，而是秉持着在继承中创新、在创新中发展的辩证思维，致力于在传统文化中提炼符合当代社会需求的智慧与价值，同时赋予其新的时代内涵与表现形式。在现代化转型的语境之下，我们对传统文化进行了再认识与再评价，愈发意识到"传统文化并非死的过去的东西，而是活的现在的东西，是对后世有价值有影响有作用有益的东西"❷。国家在中华优秀传统文化及其教育领域所进行的系统化、制度化的顶层设计与安排，肯定了传统文化的地位，进一步推动了其教育价值的开发与利用。在新时代对传统文化的呼吁下，传统文化的教育意义日渐凸显，其深厚的文化底蕴和丰富的教育资源被逐步挖掘和应用，是新时代好青年培育的重要思想来源。

二、中华优秀传统文化培育新时代好青年的思想资源

中国传统文化博大精深、底蕴深厚，是一个内容极为丰富的体系，包含了伦理道德、哲学思想、文学艺术、古典礼仪、传统习俗、服饰饮食文化、中医中药学、建筑艺术和科学技术等诸多方面，覆盖了政治、经济、道德及艺术、

---

❶ 熊黎明.中国传统文化的现代转型[J].云南社会科学,2001(S1):63-66.

❷ 李宗桂,等.中国优秀传统文化的现代价值[M].北京:人民出版社,2019:495.

科学等各个领域。而伦理道德始终占据这一文化价值体系的核心地位，成为贯穿中国传统文化的主线和灵魂。这种以伦理道德为本位、以人伦统摄一切的传统文化特质，塑造了中国社会的道德风貌，成为中国人精神世界的基本架构。钱穆先生曾对中西文化差异进行剖析，为我们理解这一文化特质提供了宝贵的视角。他指出，西方文化倾向于外在世界的探索与物质成就的彰显，其功利主义倾向显著，展现出一种外向型或外倾性的文化特征；而中国文化自其诞生之初便蕴含着深厚的伦理道德底蕴，强调对事物内在本质与价值的探索与追求，从而形成了一种内向型或内倾性的文化模式。虽然中国文化表现为道德型的文化，但"这并不是说中国人不看重物质表现，但一切物质表现都得推本归趋于道德"❶。中国文化的内倾性主要表现为人对"道"的至高追求，在于"以各个人为中心出发点，由此推去，到人皆可以为尧舜，到各自身修而家齐国治而天下平"❷。中国文化之所以具有"活的生命"，源于中国人对高尚道德的坚守与不懈追求，这使伦理道德教育成为中国人文教育的主流。人及其道德的培育作为中华优秀传统文化的重点内容，是新时代培育好青年的宝贵思想资源，新时代好青年的标准，与传统文化中"君子"的形象不谋而合，好青年所应具有的精神特质内蕴着中华优秀传统文化对"君子"理想人格目标的至圣追求。

第一，"天下为公"的世界观。天下太平、世界大同是以儒家为核心的中国传统文化思想对未来美好世界与社会理想的憧憬与向往，描绘了古人心中对小康、大同社会的理想蓝图，代表了先哲们对"公天下"社会形态的美好希冀与建立"天下为公"世界的执着信念。《礼记·礼运》有云："大道之行也，天下为公。"这里的"天下"具有普遍性，超越了个人和私利的范畴，成为所有人共有和公有的领域。换言之，"天下"的概念在此被赋予了公共性和共享

---

❶　钱穆.中国历史精神[M].贵阳:贵州人民出版社,2019:190.

❷　钱穆.中国历史精神[M].贵阳:贵州人民出版社,2019:187.

性的特质。《吕氏春秋》有言："天下非一人之天下，天下之天下也。"❶这是古代文人对当时社会世袭制度和君主权力过度集中的一种批判，体现了人们对于社会公平与正义的深切渴望，很长时间以来都是"儒家心目中的和谐良序社会之理想典范"❷。而且随着历史的进步，"天下为公"的大同思想被社会实践所证明，这并非一种不切实际的空想与纯粹的理论构想，反而在历朝历代乃至近现代的社会变革中，被无数仁人志士所广泛认同与热烈推崇，"中国人总愿意与天下之人，同进于大道，同臻于乐利。"❸"天下为公"也逐渐从一种理想化的政治目标转变为具有指导意义的社会理念，并贯穿于国家治理与社会管理的过程之中。"天下为公"深深根植于中华民族的文化基因中，这一理想目标成为激励一代又一代中国人为实现社会和谐、公平与正义而不懈奋斗的精神源泉。"天下为公"的世界观教育为新时代青年提供了一个更为宽阔的全球视野。在这一思想的引领下，新时代青年被激发去超越个人利益的狭隘视野，树立为中华民族伟大复兴而不懈奋斗的崇高目标，坚定理想信念，从而循序渐进，坚持人类命运共同体理念，积极投身全球治理体系变革，成为全球化共商、共建、共享的倡导者与推动者，为推动构建人类命运共同体贡献青春力量。

第二，"修身、齐家、治国、平天下"的责任观。以血缘关系为核心的宗法制社会结构，构成了中国传统文化的基础。这一原则延伸至国家治理的层面，构建出一种独特的家国同构治理范式，既是家族伦理与国家治理逻辑的深度融合的体现，又塑造了中国人深厚的家国情怀，实现了家庭与国家之间紧密联系。这种血缘关系网络与政治权力相交织的社会结构与治理逻辑，孕育出中

---

❶ 姜尚,黄石公.六韬 文韬全鉴[M].东篱子,解译.北京:中国纺织出版社,2019:5.

❷ 林存光.天下为公与民惟邦本:儒家两大核心理政治理念的历史考察与义理阐释[M].北京:学习出版社,2017:17.

❸ 吕思勉.中国政治思想史[M].北京:中华书局,2012:112.

国传统文化"智德双修的世俗教育传统"❶。这一传统与"修身、齐家、治国、平天下"的责任伦理体系相辅相成，即以个体修养为起点，通过家庭治理的实践，逐步扩展至国家治理乃至天下太平的宏大愿景。"修己"的本质在于强化个人对其所肩负社会责任的自觉认知与积极履行。"自天子以至于庶人，壹是皆以修身为本"❷，个人进行德性修养是其成长成才的基石，能够促进他律转化为自律。个人责任意识还体现为志向的高远与坚定，"士不可以不弘毅，任重而道远。仁以为己任，不亦重乎?"❸ 这句话昭示，一个真正对自己负责的人，不仅应怀抱远大的志向与崇高的道德追求，更要勇于通过切实行动去实现这些理想。"齐家"即管理好家庭，体现为个人对家庭和谐所承担的责任。家庭，作为社会的基本构成单元，其内部关系的和谐程度直接映射并影响着更广泛的社会结构的稳定性。《礼记·礼运》提出维护家庭稳定的"十义"，不仅是对家庭成员间互动模式的精练概括，更是对传统社会中人伦关系的深度剖析与角色设定，具体内容为"父慈、子孝、兄良、弟悌、夫义、妇听、长惠、幼顺、君仁、臣忠"。这一系列道德规范为每个成员设定了明确的人伦责任界限，是对家庭和谐乃至社会稳定的重要保障。每个社会成员都应严格遵循这些基本伦理准则，以实际行动维护家庭与社会的和谐秩序，承担起应有的道德义务。"治国""平天下"是一种爱国意识与为国奉献的责任观念，体现为个人对国家所承担的责任。爱国主义是中华民族的文化传统，仁人志士的爱国意识贯穿中国历史脉络的始终，他们总是以"哀民生之多艰"的悲天悯人情怀与"鞠躬尽瘁、死而后已"的奉献精神，表达个人对国家兴衰存亡的责任感与担当，这在历代先贤的言行中得到了淋漓尽致的展现：孟子"如欲平治天下，

---

❶ 吴毅，朱世广，刘治力. 中华人文精神论纲[M]. 北京：人民出版社，2011：252.

❷ 四书五经(上)[M]. 陈戍国，点校. 长沙：岳麓书社，2014：1.

❸ 四书五经(上)[M]. 陈戍国，点校. 长沙：岳麓书社，2014：31.

当今之世，舍我其谁也?"❶ 的豪迈宣言，子产"苟利社稷，死生以之"❷ 的坚定信念，司马迁"常思奋不顾身，以殉国家之急"❸ 的决断勇气，范仲淹"先天下之忧而忧，后天下之乐而乐"❹ 的博大胸怀，张载"为天地立心，为生民立命，为往圣继绝学，为万世开太平"❺ 的宏大愿景，顾炎武"天下兴亡、匹夫有责"的呼吁呐喊，等等。这些历史人物的思想与行动与中华优秀传统文化中责任意识相呼应，是为人民的安身立命所展现的深切关怀与责任感，是为社会的和谐稳定所体现的使命感，是为国家的安定繁荣所秉持的担当精神。"修身、齐家、治国、平天下"的责任观是培育新时代青年的深厚理论资源，有利于青年锚定自我的角色定位，培育对个人、家庭、社会及国家全方位的责任担当意识，自觉主动地承担起培养高尚的道德情操，构建和谐稳定的家庭关系，个人理想融入中国梦的重大责任。

第三，"仁义礼智信"的交往观。"仁义礼智信"作为儒家思想体系中具有标志性的话语体系与价值符号，是儒家传统文化人文精神的高度概括。这一道德话语体系，历经世代传承与发扬，已内化为中华民族深层的文化基因与道德共识，成为后世社会广泛尊崇并践行的伦理准则。"天地有六合之事，人有仁、义、礼、智、信之行。"❻其中所涵盖的道德范畴，不仅为个体道德修为设定了标准，更在个体的社交互动中发挥了规范作用，从而深刻地塑造了中国人的社会行为模式和处世哲学，被确立为中国人立身处世的核心原则。

"仁"是孔子思想的核心。孔子所阐释的"仁"，本质上是一种内在的品德修养，其核心在于培育个体的爱心、善心与仁心，并将这种"仁"运用于自

❶ 四书五经(上)[M].陈戍国,点校.长沙:岳麓书社,2014:84.
❷ 四书五经(下)[M].陈戍国,点校.长沙:岳麓书社,2014:1066.
❸ 吴调侯.古文观止 上[M].杭州:浙江教育出版社,2016:203.
❹ 吴楚材,吴调侯.古文观止[M].南昌:江西教育出版社,2021:185.
❺ 冯友兰.中国现代哲学史[M].广州:广东人民出版社,1999:254.
❻ 贾谊撰.贾谊集·贾太傅新书[M].[明]何孟春,订注.长沙:岳麓书社,2010:94.

我与他人之间的交往中。孔子释"仁"为"爱人","爱人"始于自爱,延伸至对家人的爱,再进一步扩展到"泛爱众"❶,即广泛地爱所有人。孔子通过"己所不欲,勿施于人"❷的"恕"道与"己欲立而立人,己欲达而达人"❸的"忠"道,进一步阐释了"仁"是"凝结在人和人的相互关系中"❹的道德规范,是关于如何做人、如何待人的具有普遍价值意义的思想。

"义利之辨"是中国古代思想史上争议的话题之一,涉及义利关系、义利选择等。儒家所主张的"义"是一种符合公正、正义的道德原则,儒家之"义",并非对世间利益的全然摒弃,而是倡导一种义利相融、相辅相成的态度,即在追求合理利益的同时,不忘审视其是否符合道义,做到见利思义、义利并重。"义"是衡量君子与小人界限的鲜明标尺,"君子喻于义,小人喻于利"❺,没有道德的人只能是唯利是图的小人,而有道德的人则能坚守公平正义的底线。"君子义以为上。君子有勇而无义为乱,小人有勇而无义为盗。"❻唯有将"义"作为内心不可动摇的准绳与外在行为的严格约束,方能有效遏制不义之念,规范言行举止。

"礼"是人际关系和谐的重要准则。"礼"最初与原始的宗教祭祀活动相关,通常以祭天、敬神为最高礼仪,主要用来表达对神灵的敬畏和尊重,或祈求得到庇佑。经由春秋百家争鸣,"礼"的内涵与外延均发生了深刻变化,形成了一套涵盖人际关系、日常生活、政治治理、社会发展等多个层面的行为规范体系。"礼"在个人与社会交往中的重要性不言而喻。"人有礼则安,无礼

---

❶ 四书五经(上)[M].陈戍国,点校.长沙:岳麓书社,2014:17.

❷ 四书五经(上)[M].陈戍国,点校.长沙:岳麓书社,2014:39.

❸ 四书五经(上)[M].陈戍国,点校.长沙:岳麓书社,2014:28.

❹ 王立胜,王清涛.现代性与中国社会主义精神[M].北京:人民出版社,2015:145.

❺ 四书五经(上)[M].陈戍国,点校.长沙:岳麓书社,2014:23.

❻ 四书五经(上)[M].陈戍国,点校.长沙:岳麓书社,2014:55.

则危"❶。个体通过遵循礼仪，能够构建积极正向的社交关系，享受和谐安宁的生活环境；反之，则可能因失礼行为而引发冲突，危及社会稳定与和谐。"礼之用，和为贵"❷的理念更是强调了"礼"在人际交往与社会活动中追求和谐共生的核心价值。人在社会交往中要践行"礼"，中国人注重礼尚往来，意味着以礼相待，尊重并理解他人，从而减少人与人之间的矛盾与冲突，实现社会的和谐与稳定。

"智"作为儒家又一重要的道德纲目，一般用以指人的知识才能等方面的聪慧，如"知者不惑"❸"知之为知之，不知为不知，是知也"❹。然而，儒家之"智"更为深远的意义在于其道德伦理的层面，如"君子尊德性而道问学，致广大而尽精微"❺。儒家认为，真正的智慧并非单纯的知识积累，而是在不断学习和修炼中，将才智与道德规范相融合，以达到更高层次的道德境界。孔子曰："我非生而知之者，好古，敏以求之者也"❻。通过智慧的修炼，人们能够更好地处理复杂的人际关系，实现个体与社会的和谐共处。

"信"的本义是诚实、诚信，向来被认为是人之安身立命之本。"言之所以为言者，信也。言而不信，何以为言？"❼语言之所以是可以进行交流的工具，是因为话语所表达的可信度与真实度。若语言失去了诚信的根基，便沦落为误导、欺骗他人感情的工具，造成人际冲突与矛盾，不利于人际关系的维护。"人而无信，不知其可也"❽，揭示了诚信在个人生存与发展中的必要性。

---

❶ 戴圣.礼记[M].王学典,译.南京:江苏凤凰科学技术出版社,2018:8.

❷ 四书五经(上)[M].陈戌国,点校.长沙:岳麓书社,2014:18.

❸ 四书五经(上)[M].陈戌国,点校.长沙:岳麓书社,2014:34.

❹ 四书五经(上)[M].陈戌国,点校.长沙:岳麓书社,2014:19.

❺ 四书五经(上)[M].陈戌国,点校.长沙:岳麓书社,2014:12.

❻ 四书五经(上)[M].陈戌国,点校.长沙:岳麓书社,2014:29.

❼ 四书五经(下)[M].陈戌国,点校.长沙:岳麓书社,2014:1511.

❽ 四书五经(上)[M].陈戌国,点校.长沙:岳麓书社,2014:20.

一个缺乏诚信的人，难以赢得他人的信赖与支持，在世间的立足之地愈渐缩小。在人际交往过程中，"诚实不但是美德，它的实际效果对人与人之间的关系也有很大价值"❶，一个恪守诚信的个体，其言语和行为必然展现出真实性、可靠性与一致性，能够经得起时间的考验和他人的验证。故而，我们应当秉持诚信原则，言而有信，以真诚、坦率、负责人的态度与他人交流。

第四，"自强不息"的奋斗观。自强不息，作为一种刚毅的精神品格与崇高的人生态度，历来是激励中国人与中华民族不断进取、勇往直前的精神动力。以"'人生向上'为鹄"❷ 的中国文化特质，深深地根植于中华传统文化的土壤之中，成为各个历史时期民族精神的核心要义与鲜明标识。著名学者梁漱溟指出，中国人的精神特质主要体现在两大方面："一为向上之心强，一为相与之情厚"❸。其中，"向上之心"体现为一种坚韧不拔的精神风貌，驱使人们不断拼搏奋斗；而"相与之情厚"则指中国人的"人情味儿"浓厚，体现为一种情深义重的伦理情怀。自强不息这一理念最早出现于《易经》，《周易·乾·象传》有言："天行健，君子以自强不息❹。""天行健"描绘了天体运行的强健不息之态，其运动活力恒久不息，此即自然界展现出的一种固有且不可抗拒的规律性与生命力。"君子以自强不息"则倡导人类应效仿天体那般，秉持刚健有为、永不懈怠、谦逊自律的人生哲学，在面对困难与挑战之时，应展现出一种不屈不挠、勇于进取、奋发向上的精神风貌，这是坚韧不拔、积极向上的精神品格的彰显。将"天道"之理念引申至人类社会领域，深刻体现了中国传统文化对人的主体性价值的强调与弘扬。

其一，自强不息体现为奋发向上的进取精神。奋发向上的进取精神就是要

❶ 蒋梦麟.西潮与新潮——蒋梦麟回忆录[M].北京:东方出版社,2005:287.

❷ 上海社会科学院性别与发展研究中心主编.性别影响力[M].上海:上海社会科学院出版社,2014:47.

❸ 梁漱溟.梁漱溟全集(第3卷)[M].济南:山东人民出版社,2005:133.

❹ 四书五经(上)[M].陈戍国,点校.长沙:岳麓书社,2014:141.

以一往无前的勇气追求自我的梦想。自强是成功的必要条件，没有自强的品质与进取的精神，人就不可能获得成功，"自人君公卿至于庶人，不自强而功成者，天下未之有也。"❶历史上鲜有例证表明，未经由自强不息的奋斗过程，而能直接取得显著成就的情况。相反，传统文化中不乏自强不息、历经磨难而终成大业的典范。司马迁在其《史记》中列举了史上历经磨难却以忍辱负重、不屈不挠的精神坚持追求成功的典型人物，"古者富贵而名摩灭，不可胜记，唯倜傥非常之人称焉。盖文王拘而演《周易》；仲尼厄而作《春秋》；屈原放逐，乃赋《离骚》；左丘失明，厥有《国语》；孙子膑脚，《兵法》修列……《诗》三百篇，大氐贤圣发愤之所为作也。"❷这些人物在遭遇囚禁、失明、残疾等极端困境时，非但未被击垮、畏惧退缩，反而以不卑不亢的态度和坚韧不拔的姿态，终留与后人以不朽之作。

其二，自强不息体现为锲而不舍的坚韧意志。自强不息所体现的坚持到底的意志，彰显了人类对于既定目标追求的坚定性与持久性。"愚公移山""夸父追日"的坚毅，"锲而舍之，朽木不折；锲而不舍，金石可镂"❸的坚持，"老骥伏枥，志在千里；烈士暮年，壮心不已"❹的壮志豪情，"千磨万击还坚劲，任尔东西南北风"❺的顽强不屈，都是使人持续奋斗的内在驱动力。放弃，固然是一种选择，简单易行；然而，在人的奋斗历程中，可能会滋生懈怠与挫败感，锲而不舍的精神才是人们成长成才的秘密武器。

其三，自强不息体现为谦逊自律的人生态度。中国传统文化所强调的自强不息，内涵着人的自觉意识与主观能动性的发挥。如老子在《道德经》所讲：

---

❶　淮南子[M].陈广忠，译注.北京：中华书局，2012：1144.

❷　班固撰.汉书[M].长春：吉林人民出版社，2005：1873—1874.

❸　荀况.荀子[M].[唐]杨倞注；耿芸标校.上海：上海古籍出版社，2014：2.

❹　新编中国魏晋南北朝史（下册）[M].北京：人民出版社，1995：25.

❺　新编中国清代史（下册）[M].北京：人民出版社，1994：27.

"胜人者有力，自胜者强"❶，相较于战胜他人所展现的力量，真正的强大源于战胜自己的内心，要以高度的自觉性"克服自身主观精神上的惰性及外部条件诱发的精神松弛和涣散状态"❷。谦逊与自律能够使人以不懈怠的态度追求自我完善，"谦尊而光，卑而不可逾，君子之终也。"❸当一个人身处尊贵之位时，他应绝不骄傲自满，更不应炫耀自己的成就和地位。当一个人处在卑微地位时也要时刻保持高尚的道德情操，这不仅是个人的修养，更是一种处世哲学。自律，作为传统文化中道德修养的重要方法之一，强调道德内省和自我控制，"见贤思齐焉。见不贤而内自省也"❹，个人在观察他人行为时，既能以贤者为榜样，又能以不贤者为鉴，深刻反省自身不足。同时要学会自我控制，做到"非礼勿视，非礼勿听，非礼勿言，非礼勿动"❺，自己的言行举止不能逾越公认的道德底线，而要符合社会基本规范。

第五，"知行合一"的实践观。知与行是中国人文思想及中国古代哲学的核心理念之一。在儒家的道德哲学框架内，知与行的关系被古代哲学家们赋予了一定的伦理价值，并构成了道德认知与道德践履的道德范畴。道德是知行的统一，所谓"知"是指通过学习关于道德的知识，对道德有深刻的认知与理解，从而实现道德的内化，这是形成道德判断的前提，也是发生道德行为的先决条件。而"行"要求个体将已经内化的道德认知与信念转化为实际行动，即在现实生活中切实履行道德理念与道德原则。将抽象的道德理论转化为具体的道德行为这一过程，我们称为道德的外化，它不仅关乎个体的道德抉择，更直接影响着所产生的伦理结果。孔子认为，人们应该致力于追求一个知行统一

❶ 李耳.老子[M].北京:光明日报出版社,2014:112.

❷ 宋会群.周易与中国文化[M].北京:华夏出版社,2022:234.

❸ 四书五经(上)[M].陈戍国,点校.长沙:岳麓书社,2014:155.

❹ 四书五经(上)[M].陈戍国,点校.长沙:岳麓书社,2014:23.

❺ 四书五经(上)[M].陈戍国,点校.长沙:岳麓书社,2014:39.

的道德境界，"始吾于人也，听其言而信其行；今吾于人也，听其言而观其行。"❶不能仅仅根据一个人的言辞来判断并轻信其行动，更重要的是观察其实际所为，这凸显出言行一致的重要性。在实际生活中，言行不一的现象时有发生，要想提升道德修养，应该保持言行一致，人的行动应该都是与其内心的认知、口头的承诺高度契合的。知行关系一直是中国哲学争论的焦点，古代先哲们针对"知与行"的先后次序问题，展开了深入的讨论，并从哲学层面对其进行了道德层面的论证。然而，在这一众说纷纭的探讨中，心学的集大成者王阳明先生首次明确提出了"知行合一"的哲学思想，并从本体论的角度对知行关系进行了深入的论证。王阳明的"知行合一"理论中，"知"既代指知识，但更深层次是指伦理层面的"良知"，是根植于人内心的一种深层道德自觉与道德觉悟。王阳明所阐释的知行观念，更多的是侧重于道德认知与道德实践的融合。王阳明认为，知行能够合一的前提是"知之真切笃实处，即是行；行之明觉精察处，即是知；知行工夫本不可离。"❷知与行都不是孤立的存在，而是"一个功夫"的两个方面。"知"的探求也即"行"的展开，二者相互包含也相互转化。当人对某一事物有着真切的认知时，知识自然能够转化为行动，而如果在行动中保持明察秋毫的态度，从而加深对事物的认识，那么这本身就是一种获取知识的过程。因此，知行不仅具有不可分割性，而且能够相互转化，知可以引导行，而行又能够帮助人们积累知识。故而，王阳明通过反复强调并深入论证"知行合一"的逻辑合理性，旨在有力反驳那些以知识不足为由而拒绝行动的人。在他看来，这些人错误地割裂了"知"与"行"统一，忽视了二者之间的内在联系和互补性。只要有坚定的实践决心，知识的不足并不应成为行动的障碍，因而这一思想对于纠正知行脱节的偏向，是理论联系实际的重要理论借鉴。

---

❶　四书五经(上)[M].陈戌国,点校.长沙:岳麓书社,2014:24.

❷　王守仁撰.王阳明全集(一)[M].吴光,等,编校.上海:上海古籍出版社,2014:47.

第二节　新时代好青年担负的
传统文化使命

　　文化不能脱离人而独立存在。从文化的相对独立性来讲，文化具有先在性。但这与物理意义上的实体在物理空间中的绝对独立有所差异，而是指文化是人类历史积淀与智慧结晶的先决条件和前提基础，存在状态是相对于人类社会实践而言的。从广义上的文化内涵来讲，文化被定义为一切人类历史活动所创造的物质、制度与精神成果的总和，文化本质是一种人化，是人类活动的产物，具有自然人化与人类社会人化的双重性质。无论是从文化的内涵还是文化的特性来讲，文化这一实践活动都深深打上了人类主体性的烙印。文化是人类智慧的结晶，是人类对象性的实践活动的产物，也是人类精神世界的外在投射。人是文化的主体，文化并非"外在于人异己的活动和产物，而是人的内在尺度和存在方式，人也不是在文化之外的抽象符号和理性动物，而是文化的真正主体"❶。文化是人进行创造活动的产物，彰显了人的主体性与超越性本质，文化的传承、发展、创新与弘扬也不能消弭人的主体能动作用。离开人的参与的文化如同到处漂泊的浮萍，失去其生命力与活力，也就不能称为真正意义上的文化。中华优秀传统文化是融入中华儿女血脉之中的文化基因，是中华民族文化的遗传密码，割舍掉中华优秀传统文化等同于割断中华民族的精神命脉。因而，作为主体性的人对文化的传承与发展负有很大的责任，"继往开来，有功于世既是先贤的抱负，也应该是今人的使命。"❷新时代背景下，中华优秀传统文化的价值意义愈加彰显，青年作为新时代的生力军与文化强国建设

---

❶　苗伟.论人的文化主体性[J].云南社会科学,2012,(04):55-60.

❷　李宗桂等.中国优秀传统文化的现代价值[M].北京:人民出版社,2019:45.

的主要力量，应当充分认识到自身在文化传承与发展中的关键作用。新时代好青年应当积极发挥自身的文化主体性，不仅作为中华优秀传统文化的接受者，更要成为中华优秀传统文化的传承者，继承中华传统文化的优秀基因；成为中华优秀传统文化的守护者，守护中华文化的坚定立场；成为中华优秀传统文化的创造者，使中华优秀传统文化焕发时代魅力；成为中华优秀传统文化的弘扬者，对内对外讲好中国故事，将中华文化发扬光大。

一、新时代好青年是中华优秀传统文化的传承者

实现中国梦的接力棒一定会传递到新时代中国青年的手中。中华民族伟大复兴的中国梦，不仅是政治、经济的复兴，更是文化的复兴，这迫切要求我们加快建设文化强国的步伐，而文化强国的基石，恰恰在于源远流长的中华优秀传统文化在新时代实现久远的传承与发展。因而新时代中国青年所肩负的首要的文化使命就是传承中华优秀传统文化，延续中华优秀传统文化的生命力，绽放新时代的文化活力。

赵世林对文化传承作出深刻的理论阐述。他指出，文化传承在本质上是一种文化的再生产与创新发展，代表着民族群体的自我完善与不断进步。在这一过程中，这种权利和义务的文化传递是强制性的，实现了民族意识在深层次上的积淀与升华。这种传承，就如同纵向的"文化基因"复制，保证了文化的绵延不绝与生生不息。❶ 文化的连续性决定了人具有文化传承的使命与任务。中华文化之所以成为历史上唯一不曾中断的文明，正是得益于无数中华儿女在文化传承道路上的不懈努力，从而建构起中华民族庞大的文化传承体系，堪称中华儿女共同缔造的文化传承奇迹。

---

❶ 参见赵世林.论民族文化传承的本质[J].北京大学学报(哲学社会科学版),2002,(03):10-16.

文化只有依赖于本民族中传承者的角色互动才能延续下去，而角色的多样性使青年在传承中华优秀传统文化中拥有双重身份，既是文化的传递者，又是文化的承继者。也就是说，"作为传承活动的任何一个个体都处于传与承交替推进的交叉点上，传者与承者角色交替，是整体传承链中的一环，代际上处于对话与互动的状态。"❶作为文化的承继者，青年必须接受中华优秀传统文化教育，对从先哲那里"拿来"的中华优秀传统文化有所认知与深入理解，并内化于心，形成稳固的文化自觉与文化自信；作为文化的传递者，青年则肩负着将中华优秀传统文化跨越时空界限，传承给后代的重大使命。青年传递与承继传统文化并不是两个并行不悖的过程，而是"不间断地把归属性角色有机地转化为获得性角色"❷的自我文化角色动态平衡的过程。青年作为文化传承的关键主体，其角色行为在承继与传递之间灵活转换，形成了以文化代际传承为主导的纵向结构。青年在承继文化的过程中，并非传统文化被动的接受者，而是伴随着对文化的深入解读与思考，初步获得了传递传统文化的能力。青年在传递传统文化时，也并非仅仅进行单向的知识灌输，而是要不断地进行自我审视与反省，是与被接受者进行的双向互动与交流。这一过程本身就是传统文化在代际间的动态继承，彰显了青年在文化传承中所起的承上启下的作用。

　　文化的传承是一个接连不断的过程，可以有阶段性结果，但不应该是真正的结束。那些在历史上文明出现中断的民族，往往都遭遇了严重的文化危机，从而陷入文化传承的困境，这直接影响了其文化发展的连续性与完整性。中华优秀传统文化是生命力旺盛的动态文化形态，传承中华优秀传统文化是永恒的时代话题。在这场不停歇的跨越时空的中华优秀传统文化接力赛中，青年一

---

❶　迟燕琼.艺术传承与族群认同[M].昆明:云南人民出版社,2013:260.

❷　赵世林.论民族文化传承的本质[J].北京大学学报(哲学社会科学版),2002(03):10-16.

代,作为民族的希望与国家的未来,更应自觉地扛起中华优秀传统文化薪火相传的重任。

二、新时代好青年是中华优秀传统文化的守护者

文化的民族性是文化多样性的前提,蕴含着一个民族的悠久历史。民族文化作为一种深层次的、不可复制的基因,深刻塑造了一个民族的精神面貌、价值观念和行为模式,成为该民族区别于其他民族的鲜明标识。中华优秀传统文化是中华民族在历史长河中所创造的反映中华儿女智慧的文化体系,是我们立足于世界民族之林的独特优势。中华优秀传统文化是中华民族的根与魂,守护中华优秀传统文化就是守住中华儿女的文化根脉与精神家园,就是维护世界文化多样性的繁荣景象。

在传统哲学的视域中,人往往被视为世界的中心,是能够支配世界与决定世界的主体。而海德格尔却挑战了这种人类中心主义的观点,认为人虽然具有主观能动性,但人无法像传统哲学所设想的那样,可以完全控制与支配存在。人是被人的存在所抛投的,存在对人具有先定的决定性作用,人均要受到存在本身的影响与制约。因而,在海德格尔的哲学体系中,他认为,"人不是存在的主人,而是存在的看护者"[1],拥有"看护者"身份的人,是"由存在决定的,存在对人提出要求,人的责任就是看护好存在,这才是人的本质之所在"[2]。这一哲学思想也深刻揭示了人与文化存在之间的关系。文化是人类存在方式的镜射,人自然成为其文化本质的"看护者"。人必须保护与守卫好本民族的文化,才能真正地履行其作为存在看护者的责任,守住人的文化存在。

对新时代青年来讲,他们是中华优秀传统文化坚定的"看护者",必须更

---

❶ 王颖斌.海德格尔和语言的新形象[M].北京:人民出版社,2015:210.

❷ 王颖斌.海德格尔和语言的新形象[M].北京:人民出版社,2015:211.

加自觉、主动地承担起守护中华优秀传统文化的责任。在这一过程中，要高度警惕中华优秀传统文化之精髓被误读、曲解乃至被其他民族或国家不当占有、利用或窃取等行为的发生。国内著名历史学家林超民教授认为，诸如洛克等被誉为"东方学"大师的西方学者，通过其深厚的学术造诣与对东方文化的深入研究，架起了东西方文化交流互鉴的桥梁，拓宽了西方社会对东方，尤其是中华文化认知的视野，一定程度上减少了西方人对东方文化的刻板印象。但这些被誉为"东方学"大师的学者对东方文化，尤其是中华文化的赞美与推崇，并未从根本上扭转西方社会中对中华文化的普遍的轻蔑态度；反而揭示了他们研究东方文化的深层动机——对东方文化所进行的隐性的文化"盗窃"行为❶，他们总是无意或有意地将东方文化的遗产视为西方国家文化扩张可利用的资源，并对此进行选择性提取、重构乃至"盗用"，以满足西方知识体系构建、自我认同强化及西方文化扩张的需求。这种行为不仅是对各民族或国家创造成果的极大不尊重，而且给人民带来了严重的文化安全威胁，更对世界文化的原生态的多样性造成了破坏，"那些任意使用他国非物质文化遗产而根本不予标明文化起源地，甚至肆意扭曲原有文化意义的'文化盗窃'行为，这都是对所属国家的文化资源安全的侵害和触犯。"❷

新时代青年要成为中华优秀传统文化的守护者，就必须以实际行动保护中华文化之根基，维护中华文化之安全，捍卫中华文化之主权。"唯有站在民族的和文化的立场，才能焕发自己的人格精神，才不致在剧烈的东西方文化冲突中失重，才有可能获得与世界文化对话的平等资格。"❸保全中华优秀传统文化之根基，就是要秉持对历史与文化传统的敬畏与尊重的态度，深入学习并研究中华优秀传统文化，强调中华文化对中华民族的归属性，增强青年的身份认

---

❶ 林超民文集(第4卷)[M].昆明:云南人民出版社,2010:139-140.

❷ 胡惠林等.国家文化安全研究导论[M].上海:上海人民出版社,2013:247.

❸ 刘梦溪.大师与传统[M].北京:中国青年出版社,2007:38-39.

同，确保民族文化不被遗忘与流失，使文化根脉得以延续。维护中华文化之安全，既要警惕其他国家对中华优秀传统文化的"文化剽窃"与文化复制，又要警惕其他文化对中华优秀传统文化精髓的吞噬。文化安全是国家安全的关键要素之一，我们坚决反对任何形式的文化霸权与文化渗透，不容许他国以任何手段冲击与削弱中华优秀传统文化的核心价值体系。捍卫中华文化之主权，就是要大力抵御文化同质化，积极应对这种同质化趋势。加强青年的文化自信教育，为展示中华优秀传统文化的智慧与魅力作出贡献，从而保持中华优秀传统文化在全球文化交流中的独立性、自主性及原创性，使独领风骚的中华文明在世界文化争艳的激流中发挥最大的影响力。

三、新时代好青年是中华优秀传统文化的创新者

在每个民族国家的文化发展进程中，传统与现代之间的摩擦与矛盾不可避免，但这种矛盾又并非不可调和。能否理性并妥善处理好传统文化与现代性之间的张力问题，直接关系到民族文化生命力的维系与文化繁荣的可持续性。无论哪种类型的文化，都不是以一成不变的样态而存在与延续的，总是在历史的洗礼中不断蜕变与进化，不断创造出新的文化形态，进而保持文化的繁衍。文化总是处于拓展创新的发展中，文化如同一条贯穿历史长河的血脉，连接了传统与现代。在文化演化的进程中，我们既不能为了迎合现代化潮流而全盘否定先辈所创造的传统文化成果与丰富的文化遗产，也不能无视时代变迁的需要，盲目地固守传统，陷入文化保守主义的窠臼。这种既要继承坚守传统，又要超越创新传统的文化双向逆反运动，正是人类社会发展规律的重要体现。❶ 在实践中，我们应该根据时代与人民的需求，在保留传统文化优秀成果的基础上，对传统文化进行创造与革新，保持文化自身的先进性。这不仅是对文化发展内

---

❶ 参见邹广文.当代文化哲学[M].北京:人民出版社,2007:239.

在规律的尊重，更是人作为文化传承和创新的主体，在面对新时代挑战时所做出的必然选择。

文化的每一次进步与飞跃，都是人类主体对传统文化理性认知基础上进行的改造与创新，是人类创造能力的体现。文化的创新并非无源之水、无本之木，而是在前人已积累的文化成果基础上的创新。如同钱穆先生所讲："新文化只能从已往旧有中蕴孕生长，绝不能凭空翻新，绝无依傍。"❶文化传统为人类提供了机遇，个体自诞生之日起，便自然而然地融入这一庞大的文化脉络之中，承袭与享用着先辈们遗留下的精神财富与物质成果。"人类的整个文化积累都构成了人类新感知的广阔背景，人的某种现实需求往往唤醒了文化传统的某个部分和某个侧面。"❷从这层意义上讲，中华优秀传统文化作为一个庞大而多元性的资源宝库，构成了全体中国人生存与发展的文化背景，更彰显了中华优秀传统文化对中国人思想、精神及价值观的价值意义。中华优秀传统文化继承与革新的特点赋予了其具有参与新时代中国特色社会主义文化生态建构的重要资格。故而，中华优秀传统文化的创新过程体现了批判性继承与创造性发展的统一。有学者将传统文化的革故鼎新看作发展文化事业所必须付出的成本与所取得收益之间的平衡与转化关系，"抛弃传统应该看成是新事业的一种代价；保留传统则应算作是新事业的一种收益"。❸在文化创新过程中，一方面，要勇于剔除那些已经不合时宜或已经对社会发展造成阻碍的传统文化元素与价值观念，这种对传统的"割舍"是一种必然性代价的支付，为新文化的孕育与成长净化了文化空间。另一方面，那些具有恒久价值、仍对当代文化发展起正向推动作用的传统文化精髓，是新时代文化创新的宝贵资产，要以现代化的解读方式进行释义，并对这些文化精髓进行创造性的转化与发展，从而将这些

---

❶ 陈勇.钱穆传[M].北京:人民出版社,2001:338.

❷ 邹广文.当代文化哲学[M].北京:人民出版社,2007:240.

❸ 希尔斯.论传统[M].傅铿,吕乐,译.上海:上海人民出版社,2014:355.

具有传统文化融入现代生活与思想体系之中，赋予其新鲜的时代生机与活力。

人天然具备文化创新的能力，是文化创新的主体，其核心地位根植于人的否定性与超越性这一本质中。人类"具有一种永不枯竭的文化创造能力，没有人能对我们创造文化的能力进行限定，它的目标是不确定的，它的内容是丰富的，它的范围是广阔的"❶而作为社会中最具活力与创造力的群体，青年本质特征中所体现的否定性与超越性尤为显著。青年群体以其独特的活力、敏锐的洞察力与无畏的探索精神，总是站在时代发展的前沿。在物质经济生活得到普遍满足的基础上，青年群体对精神文化生活的向往与追求呈现显著增强的趋势，渴望追求并享受更高品质、更高质量的精神文化生活。这种对精神文化的强烈需求和追求，不仅构成了青年生产精神文化产品的内在动力，也促使青年群体成为推动中华优秀传统文化与现代文明融合创新的特殊力量。在实现中华优秀传统文化的创新性发展方面，青年总能秉承对中华文化的高度文化自信，并以其对新事物的敏锐度与探索欲，及时地捕捉到时代光影，发现中华优秀传统文化中与现代社会相契合、可共融的文化因子。正是基于强烈的文化自觉与创新意识等独特优势，青年群体得以创造出既符合当代特征又蕴含深厚文化底蕴的新型文化形态，使青年群体在引领中华优秀传统文化创新的过程中担当了主角。

四、新时代好青年是中华优秀传统文化的弘扬者

人的主体性是文化传播的先决条件与推动力。传播伴随文化的诞生而自然生成，传播如影随形地伴随并见证着文化的每一步发展。"文化是传播的文化，传播是文化的传播"❷。文化传播作为文化生命力与影响力的重要体现，

---

❶ 刘放桐等.现代西方哲学(修订本)下[M].北京:人民出版社,1990:712.

❷ 庄晓东主编.传播与文化概论[M].北京:人民出版社,2008:3.

本质是文化信息的共享与再生产，这一过程贯穿于人类历史全过程，并紧紧依附于人的社会交往与实践活动之中。文化传播作为人类特有的社会行为与实践活动，是人的主体性发挥的集中体现。正如传播学鼻祖施拉姆所讲："我们既不完全像神，也不完全像动物。我们的传播行为证明我们完全是人。"❶自人类诞生之日起，文化传播这一行为便体现在人的主体性上，并成为人类生产生活不可分割的一部分。"没有不传播的人，没有人不传播"❷，揭示出人作为文化传播行为主体的普遍性与必然性。文化传播是人与生俱来的能力，人是文化传播的根本因素。因此，文化传播不仅是个体或群体所进行的行为选择，更是全人类共有的文化交流模式。每一个人从呱呱坠地伊始，便要背负起传播与弘扬文化的责任。弘扬是对中华优秀传统文化进行推广与复兴，这一过程必然伴随着文化的传播与交流。在全球文化交流日益频繁的今天，中华优秀传统文化理应成为我们面向世界、对外传播的重要话语体系。青年作为国家的希望、民族的未来，更应该重视中华优秀传统文化的传播与弘扬，发挥个人的主体能动性，勇于担当其文化使者的使命，将中华优秀传统文化发扬光大，让中华优秀传统文化在全世界文化交流舞台上掷地有声。

"任何国家都有传播其文化的愿望"❸，将本民族或国家的历史文化发扬光大是每个国家都在努力做的事情，这是文化自觉与文化自信的自然流露。在推广中华优秀传统文化的过程中，首先要警惕将其视为文化扩张或精神殖民的手段，反对任何形式的文化霸权行为，这不仅忽视了文化传播的初衷，也歪曲了文化交流的本质。随着文化竞争压力的增大，一些西方资本主义国家往往以文化交流与文化传播为幌子，其背后隐藏的深层动机实际上是，企图将资本主义文化的价值观与生活方式植入其他国家和地区，这一过程可能无意中或有意地

---

❶ W.施拉姆.传播学概论[M].陈亮等，译.北京:新华出版社,1984:39.

❷ 吴廷俊,舒咏平,张振亭.传播素质论[M].郑州:河南人民出版社,2015:26.

❸ 乐黛云.中国文化与世界文化[M].北京:北京出版社,2020:33.

第三章 新时代好青年培育的文化之源

削弱乃至消解其他民族文化的独特性。事实上,中华优秀传统文化的传播与交流并非文化的炫耀与灌输,而是建立在平等、尊重与理解的基础上的不同文化间的对话与融合。文化的弘扬是一个双向沟通与互动的过程,"面向世界的中国文化并不只是我们制作好了,端出去的一盘点心,而是在长期互动过程中逐渐形成的相互影响。"❶我们的根本目的是使世界认识、了解并尊重中华优秀传统文化,传播中国精神,并将其中的精髓毫无保留地奉献给全球需要的国家,特别是在面对全球性挑战与难题时,提供富有洞见的中国智慧与中国方案。

作为弘扬中华优秀传统文化的主体,青年群体要始终贯彻实事求是的基本原则。首先,坚守中华文化的根本立场,敢于同一切违反国家文化利益、削弱中华文化认同及威胁国家文化安全的行为作斗争,这是弘扬中华优秀传统文化的基础。其次,应当坚持理论联系实际的方法论,以中国特色社会主义理论体系为指导,在传承中发展,在发展中传承,使中华优秀传统文化在新的历史时期依然能够熠熠生辉。再次,提升中华优秀传统文化的国际传播力与影响力。中华优秀传统文化的优秀思想与价值观念等,对当今世界各国仍具有一定的普遍性与时代性,要充分利用国际交流平台,向世人展示中华文化的魅力,塑造中华文化积极正面的国际形象。最后,青年需全面提升自身在中华优秀传统文化传播领域的综合素质与能力。不仅要丰富自己的传统文化知识储备,还要深入掌握文化传播理论的相关知识;既要秉承开放包容的世界主义情怀,又要鼓励多元文化之间的交流互鉴与融合;同时还要强化自身的语言表达能力与人际交往能力,构建扎实的文化理论与传播理论的深厚底蕴,推动中华优秀传统文化走向世界。

---

❶ 乐黛云.中国文化与世界文化[M].北京:北京出版社,2020:49.

新 时代好青年培育的 困境之思

　　青年的发展具有两极分化的可塑性，青年时期处于生理与心理成熟的转折时期，其发展与变化充满了未知，这一时期青年的思想、价值观、行为习惯等具有很强的可塑性。这种可塑性呈现积极和消极、正面和负面等两极化的发展特点。一方面，广大青年积极响应社会进步的号召，展现出积极向上的精神风貌，与社会主义核心价值观相契合；另一方面，部分青年在多元文化价值观的交织碰撞下，易受不良信息、消极情绪及非主流文化的影响，逐渐偏离价值观导向的正轨，甚至成为问题青年。受各种因素的影响，社会发展产生了青年群体被过度标签化的现象，加深了社会对青年群体的刻板印象与偏见，也进一步凸显与激化了青年培育过程中的内在矛盾与冲突。这不仅影响了青年群体的整体形象建构，也对青年培育工作构成了严峻挑战。为此，我们必须正视这一难题，并进行深刻反思。

第一节　新时代青年负面形象的呈现样态

"人不可能绝对或天生地有一种动力来寻求真理，在他们厌倦的时候、思想懒惰的时候，容易被人操纵和智力退化。"❶人作为一种社会性动物，其思想与行为嵌刻进社会结构与文化环境之中，既可能被他人所操控，也可能被社会环境所"溶解"。当前，我们正处于一个社会急剧转型、多元文化深度交融与碰撞、信息技术日新月异的时代。在这样的大背景下，青年一代，由于其生理与心理的特有属性，对环境变化与时代变迁的敏感度更高。青年群体中涌现出一些被舆论称为"新势力"的负面形象话语，被贴上了各种负面标签。这些标签背后不仅反映了当代部分青年在价值观、人生观上的迷茫，影射了新时代青年面临的困境，也为新时代好青年的培育带来了巨大的挑战。在多重因素的作用下，部分青年的思想与行为逐渐显露出不良倾向，并催生了大量尚未稳定、尚未成熟的青年亚文化形态，这引发了全社会对青年群体未来发展的关注与思考。其中，以下几种关于当今青年负面形象样态的探讨比较具有代表性。第一，部分青年理想信念淡化，他们以"佛系青年"自居，对于生活和未来的规划较为模糊，随遇而安、无所作为。第二，部分青年责任意识淡薄，被称为"懦弱青年"，他们不愿承担责任，缺乏面对挑战和困难的勇气。第三，部

---

❶　陈力丹. 自由主义理论和社会责任论[J]. 当代传播,2003(03):4-5.

分物质生活富裕的青年只顾享乐而不愿意吃苦，他们过分追求生活的享受，沉溺于当下舒适与安逸的环境中，成了所谓的"享乐青年"。第四，还存在一批把中华民族艰苦奋斗精神抛之脑后的"躺平青年"，他们缺乏奋斗的动力，拒绝过度自我内耗并放弃一切竞争，展现出青年群体在面对社会竞争与压力时的无力感与挫败感。以一种看似消极的方式反抗这种压力，实际上是一种寻得自我安慰的心理调节与行为选择。

一、理想信念淡化的"佛系青年"

"佛系青年"这一网络热词，尽管在学术界尚未形成统一且明确的概念，但综合现有观察与分析，"佛系"一词实则已经剥离了佛教原有的宗教色彩与教义内涵，而被赋予了一种现代生活意义。"佛系"话语的横空出世与广泛流行，迅速受到一些青年的推崇与吹捧。他们借用"佛系青年"的标签来描述并表达自己在社会转型时期所展现出的独特人生态度、生活方式及行为模式等个人状态，标志着一种新型社会心态与青年亚文化的兴起。"佛系青年"是现当代部分青年的符号化标签与话语包装，主要表征为低欲望心态下的自我妥协、缓解压力途中的自我庇护、信仰危机发生时的自我欺瞒。这一系列糅杂在一起共同构成了"佛系青年"的话语标签。

第一，低欲望心态下的自我妥协。日本学者大前研一在剖析日本经济低迷的根源时指出，当前日本社会中出现了一种现象，无论是老年群体还是年轻一代都对消费表现出了抵触情绪，他们不买房、不买车，也不结婚。这种消费抑制行为，似乎源于个体对自身消费欲望的有意控制及对储蓄的极度重视。因而大前研一认为，这是日本逐渐进入低欲望社会的前兆，这一复杂个体心理现象的出现，是造成日本经济低迷的元凶。❶ 而"佛系青年"的低欲望不仅体现在消费领域中，还体现在与之密切关联的一切生活中。他们对一切事情秉承"不争不抢、不论输赢、不显山露水、与我无关、一切随缘、得过且过"的随性心态。这种心态的出现，实际上反映了人类欲望发展的一个普遍规律：人的欲望不是一直平衡发展的，都有一个临界点，一旦触及这个临界点就会"产生一种反向运动，呈现一种'反向欲望'的态度"❷。在人才竞争日益激烈的背景下，时代及社会的发展对青年人才的需求与期望持续攀升。在这样高强度的环境中，部分青年开始以"得之坦然、失之淡然"的心态面对在追求高层次目标时可能遭遇的极大变数。在多次历经难以逾越的障碍与无法实现的目标的循环后，他们开始尝试与内心的物欲与成功欲达成和解，寻求"欲望重构"，并对世事表现出一副"无所谓"的中立态度，这实际上是面对困难与挑战时的妥协态度的体现。

第二，缓解压力途中的自我保护。压力，不仅指涉个体的心理状态，同时也映射出广泛的社会现象。对于个体而言，压力常常伴随着不愉快和消极的情绪体验。青年的压力是指青年群体所面对与承受的"外在逼迫力和内在逼迫力的总和，以此影响和改变其活动方向"❸ 的焦虑与紧张等心理反应，指超出其承受范围的并对其生活产生潜在威胁的力量。随着时代发展速度的加快，我们不得不承认一个事实，与过去相比，现今的普通人要想取得成功，所付出的压力与努力成本也在递增。因而，当代青年所面临的精神和心理负荷呈现出递增的趋势。在快节奏与高压的环境中，青年人群不仅要应对生存的挑战，还要面对来自学业、职业、婚姻和人际关系等多方面的生活压力。"当社会压力的

---

❶ 大前研一. 低欲望社会：人口老龄化的经济危机与破解之道[M]. 郭超敏，译. 北京：机械工业出版社，2018：18-19.

❷ 孙向晨. 佛系现象：披着美丽东方外衣的现代性消极后果[J]. 探索与争鸣，2018（04）：36-38.

❸ 阮成武. 教育民生论[M]. 北京：人民出版社，2021：206.

压力值大于青年人能够承受的额定阈值，过度的压力没能得到及时释放，就容易使人难以承受继而产生一种逃避心理"❶。"佛系"恰好成为部分青年群体面对高强度压力时所开启的自我保护与防御状态的一种心理逃避方式的合理借口。他们倾向于采取一种"得过且过、随遇而安"的生活方式，避免过度的内耗和自我施压。从心理学层面看，这实则是部分青年为应对日益加剧的社会压力而启动的一种心理调适与防御策略，体现了他们在抗击压力过程中出现的无力感与失落感中寻找自我慰藉的尝试。

第三，信仰危机发生的自我欺瞒。坚定的信仰是人前进的动力，当信仰发生动摇时，个体不仅面临价值体系重构的挑战，更可能陷入一种对现实的无助与对未来的迷茫之中。如果说，低欲望心态的自我妥协与缓解压力途中的自我保护，都是"佛系青年"心理状态的表象，那么，对于信仰危机的回避与自我欺瞒才是"佛系青年"最深层次的心理状态。尤其当传统价值观与社会主流价值观受到外来文化、思想观念等因素的冲击时，作为个体精神世界的核心架构的信仰体系，也不可避免地呈现出多元化与碎片化的趋势。对处于心理成熟关键期的青年群体而言，其认知能力与价值判断能力尚未完全成熟，在面对纷繁复杂的价值体系时，往往难以做出准确而坚定的选择，内心会因此而陷入摇摆不定的纠结中。而且受同辈群体效应的影响，"佛系"心态在青年群体中迅速扩散，成为一种社会心理现象。这可能导致部分青年开始对周围的事物失去兴趣、热情及动力，甚至还伴随着对主流信仰体系的质疑与迷茫，认为理想信念与信仰可有可无。但他们难以正视、承认及接受这种自我信仰价值体系的崩塌，便试图以"佛系"这一外在话语来对其信仰失落、方向迷失所产生的内心深切恐惧与不安进行"代为追偿"。但这种"追偿"并不能够真正触及问题的核心，只是企图进行自我隐瞒与对外掩饰所采取的一时之策。正如有学者所讲，"佛系青年"只是部分青年为"自己的颓废妥协与信仰缺失披上了一层

---

❶ 张鑫宇.青年"佛系心态"透视[J].当代青年研究,2019(02):39-44.

'合理化外衣'"❶。佛系文化的兴起，虽然看似一种轻松、随缘的生活态度，但深入分析，实质是一种鼓吹去理想化与价值虚无的信念主张的文化倾向，并试图"改变着青年信仰文化的形塑逻辑"❷，其严重后果是侵蚀青年对社会主流价值观的坚定信仰。

二、责任意识淡薄的"懦弱青年"

责任是人类社会的衍生品，对人的发展及社会的进步起到关键作用。现代社会的发展，越来越依靠责任伦理来发挥作用。责任伦理在伦理学学科的进步中占有核心位置，这根源于人类作为责任承担者的主体性确认。人应该而且必须成为责任的主体。责任的履行不依个人意志的转移而改变，然而，外部环境因素对于责任承担的激发与制约具有至关重要的影响。进一步而言，承担责任是人作为道德存在的一种体现。在全球化浪潮的席卷之下，人类社会既迎来了前所未有的发展机遇，也面临着不可避免的风险挑战。当自然环境与社会环境的变迁日益深刻地定义着人类的生存状态与本质属性时，任何对风险的忽视或低估，都可能在道德层面上构成对人类本质的潜在威胁。❸换言之，人作为责任的主体，是否有着高度的责任感是抵御风险、维护自身主体性及本质性存在的关键要素。"在某种意义上说，困境的出现与人的责任意识淡漠，或者说逃避责任的行为直接相关。人作为自己行为的主体，理应为自己的行为后果承担责任。"❹当人开始对责任的存在变得漠视，整个自然环境及社会环境便可能超

---

❶ 卜建华,孟丽雯,张宗伟."佛系青年"群像的社会心态诊断与支持[J].中国青年研究,2018(11):105-111,61.

❷ 刘波."佛系青年"的信仰心态与文化治理策略[J].北京青年研究,2019,28(04):20-26.

❸ 参见田秀云.当代社会责任伦理[M].北京:人民出版社,2008:34.

❹ 田秀云.当代社会责任伦理[M].北京:人民出版社,2008:29.

越个体的自主控制，成为限制人的主体性表达的制约力量，使人的本质性和整个社会的责任伦理存在陷入危机之中。

责任意识是个体对自身所承担的责任角色或责任义务的认知、态度及能力行为产生的自觉意识。对于朝气蓬勃的新时代青年来讲，其责任意识的主流趋势呈现出积极向上的态势。绝大多数的青年能够对自己所承担的责任有一定的认知，从内心愿意成为担当民族复兴大任的好青年，展现出青年尽职尽责、勇于担当的良好形象。但受市场经济、多元价值观的冲击，加之个体心理特质、成长环境等复杂因素的交织影响，部分青年中出现了责任意识淡化的现象，他们在面临挑战和可能的不良后果时，往往选择逃避，成为所谓的"懦弱青年"。但需要澄清一点，这里所使用的"懦弱青年"这一称谓，并非对这些青年群体的主观评判，而只是一种基于现实存在现象的客观描述，以此代指那些或因外部环境、内心机制失衡或价值导向的偏差，而对责任担当暂时性地表现出回避态度，甚至在某些情境中选择拒绝承担责任而呈现出"责任逃避"的行为模式。我们的目的绝不是针对这些青年群体进行形象划定与价值判断，而是通过对这一行为模式与现象的描述，引起社会各界对青年责任意识重要性及现状的深入思考，进而为增强青年的责任意识采取有效性的措施。

目前，部分青年责任意识淡薄主要表现在三个方面，即责任认知的模糊性、对待责任态度的偏颇性，以及责任履行能力与行为的不充分性。

第一，责任认知的模糊性。对自己的责任角色、责任价值及不承担责任带来的后果没有形成明确的认知，是导致部分青年责任意识淡薄的首要因素。青年正处于逐渐从依赖家庭与学校的保护而逐渐向社会独立阶段转变的过渡阶段，在这一过程中，受限于认知发展的阶段性特征、社会经验的相对匮乏，以及对复杂社会结构理解的不足，部分青年可能未能全面理解作为社会成员、职业从业者或家庭成员等不同角色所蕴含的具体责任。他们在进行角色定位与角色转换时，面临挑战，难以明确自身的责任范畴。同时，责任认知的模糊性还源于青年对责任履行动机与价值的认知不足。这容易导致忽视逃避与放弃责任所带来的后果，在判断与选择"应当做"与"不应当做"的事情时感到困惑，缺乏正确的导向和边界感。

第二，对待责任态度的偏颇性。青年责任意识淡薄的另一个显著表现，是他们往往以恐惧与忧虑的态度面对责任及可能遭遇的失败与不良后果，总是"由于能潜在地感觉到这种危机，所以都不想背负风险"❶，这种心态与态度导致他们不主动、不乐意，甚至不敢挺身而出，承担应有的责任。正如罗素在探讨人面对舆论时的态度时指出的："很多情况下，不必要的胆怯让问题变得比原来更糟。"❷人与责任的关系也如此。当个体对责任产生消极的畏惧情绪与态度时，反而会加剧与扩大责任感知的负面效应，形成一种"责任压强"的恶性循环。当个体能够克服恐惧，以积极、坚定的态度面对责任，并勇于担当时，这种积极的应对行为会促进责任感的正向转化，使责任成为促进个人成长、提升自我价值的动力源泉。恐惧与逃避责任并不能真正解决问题，反而可能让问题变得更为艰巨与棘手。因而，相较于那些因畏惧或退缩而加剧对责任负面感知的个体，勇于面对并积极承担责任的青年，在对待责任上展现出更为积极和健康的良好态度。

第三，责任履行能力与行为的不充分性。责任履行能力与行为是责任认知与态度的最终归宿，个体要将内心的责任意识与观念外化为具体的、可行的行为实践。然而，在青年群体中，这一转化过程却总是受到从认知层面过渡至行为层面的阻碍。一方面，部分青年存在着责任履行能力的不足。责任履行能力与责任主体的知识结构、生活经验、身体心理素质相关，许多青年虽然内心怀有尽职尽责的观念，但缺乏经验、技能、资源或应急能力、反思能力等会导致他们虽有心尽责却力不足。另一方面，部分青年的责任行为表现不充

---

❶　大前研一.低欲望社会："丧失大志时代"的新·国富论[M].姜建强,译.上海:上海译文出版社,2018:19.

❷　伯特兰·罗素.赢得幸福[M].张琳,译.上海:上海人民出版社,2021:85.

分。他们"思考多于行动，想得多，做得少。而且很大程度上存在着知行脱节的矛盾"。●尽管在抽象层面，个体能够充分认识到社会责任的普遍价值与长远意义，但是到真正需要做出价值行为的选择时，个人利益的最大化往往成为更为直接且强有力的驱动力，导致青年在自我利益与社会利益之间徘徊犹豫。这种犹豫不仅对其履行责任的决心与行动力有所冲击，更可能导致实际行为偏离原先基于责任认知所构建的价值框架，从而引发知行不一的现象。

三、吃苦精神不足的"享乐青年"

享乐主义是源自西方哲学思潮的一种人生价值取向。享乐主义将人在物质或精神上得到满足视为人生的终极追求，以求得人的感官上的愉悦感或满足感为衡量人生幸福的标尺。享乐主义主张，如果一个人不能体验到持续的快乐，那么他将失去生命存在的意义与价值。从唯物史观的角度出发，享乐主义的人生态度与价值观根植于人类的自然属性，过分聚焦于人作为自然存在物的本能与人性，忽略了人类作为复杂社会生物的独特性。趋利避害是人的本能，也是动物的本能，如果人只停留在趋利避害的本能上，拒绝痛苦与苦难的降临，那么他与动物并无二异。人类之所以超越动物界，根源在于其不仅具备自然属性，更深刻地体现为一种社会性与文化性的存在。享乐主义强调"靠物欲满足达到的感官刺激的'精神自由'和'精神的放纵、情感的按摩'"❷，这一人生哲学割裂了人的社会关系网、忽视了人的社会性需求，缺乏对人类本质的全面理解。享乐主义的蔓延可能会削弱人们的奋斗精神和吃苦精神，使人们只追求安逸和贪图享受。享乐主义既然强调快乐与享受作为人生的最高准则，那么个体必定会被内心的感性欲望所主导，就会对苦难与困难避而远之。久而久

---

❶ 钱焕琦主编.走向自觉——道德心理论[M].北京:人民出版社,2003:57.

❷ 贾英健.虚拟生存论[M].北京:人民出版社,20011:283.

之，吃苦精神的缺失则可能进一步助长享乐主义的蔓延，形成一种恶性循环。正如康德指出，"一个有教养的理性人越是致力于生活的享受与幸福，这人就越不能有真正的满足。"❶

追求幸福是人的终极目的，但享乐主义只是一种狭隘、片面的幸福观，享乐主义并不等同于幸福。人生本质上是一场伴随着快乐与痛苦相互交织的旅途，当个体仅以满足自身欲望为导向，沉迷于安逸享乐之中，而逃避所有的痛苦与苦难时，其社会角色与功能便逐渐边缘化，他将"使自己成为寄生于社会机体之上多余的、必须割去的赘瘤"❷这不仅对个人的身心健康产生威胁，还会加剧社会的不良风气与功利化倾向，削弱整个社会的伦理基础。"痛苦和灾难是人类要始终与之相对的生存论状态，生存即匮乏，匮乏即痛苦"❸。人的欲求是无限的，无论人如何努力，总有些欲望无法得到最终满足，那么这种不满足感便会造成人的痛苦感受。在某些情况下，人们对快乐与痛苦的感受总是相伴相生的，"肯定生命的存在，就要肯定痛苦的价值"❹。人类在追求幸福的过程中，不可能完全是快乐的体验，而总是伴随着痛苦。痛苦，作为一种必须承受的消极的心理感受，却能在适度时激发个体的潜能与活力，促使我们更加珍视眼前所拥有的一切，包括那些曾经被忽视的幸福瞬间。

随着西方多元价值观在全球的渗透，享乐主义思潮在我国范围内悄然兴起并有迅速蔓延之势，这是时代发展遗留的精神诟病。它依傍我国市场经济的蓬勃发展，以功利主义价值观为保护壳，对我国青年群体构成了严峻挑战。享乐主义不仅侵蚀着他们的精神世界，还深刻影响着其身心健康及价值观的塑造，更对我国"吃苦耐劳"的传统民族精神造成了直接冲击。在新时代，仍有部

---

❶ 伊曼努尔·康德.人性与道德[M].王宇,译.长春:吉林出版集团股份有限公司,2017:3.

❷ 唐凯麟.论幸福——兼析享乐主义[J].求索,1996(03):45-48.

❸ 孙利天.现代苦难哲思录[M].沈阳:辽宁人民出版社,1997:14.

❹ 施文辉.幸福的本质及其现实建构[M].上海:上海科学院出版社,2021:44.

分青年推崇享乐主义,将吃苦耐劳的民族精神抛之脑后。"苦难的永无尽期既可以令人战栗、悲观和绝望,也可以使人兴奋、昂扬和抗争,只是不应叫人麻木和遗忘。"❶吃苦精神是青年群体应该具备的坚毅品质,我们绝不能容忍青年群体中出现推崇享乐主义、抛弃吃苦精神的倾向。吃苦精神不足的"享乐青年"主要表现如下:其一,物欲膨胀,骄奢成风,追名逐利。面对消费主义的盛行与金钱价值的过度渲染,部分青年的物欲逐渐膨胀,认为金钱的满足是个人优越感的重要体现。青年间悄然兴起消费攀比文化,追求奢华的生活方式和消费习惯,将奢侈消费包装为潮流与"时尚"的象征,金钱观念逐渐变得扭曲。还有部分青年为了追名逐利不择手段,甚至在名利面前做出违背道德底线与法律规范之事;其二,玩风盛行,自我放纵,及时行乐。诚然,娱乐是人正常的需求,是缓解压力、享受生活不可或缺的方式,但过度与无节制的享受就会导致享乐主义。在当今娱乐方式日益多样化的今天,部分青年过度沉迷于虚拟世界带来的刺激与快感,并逐渐占据了他们生活方式的中心,这侵蚀了青年的自律精神与自我约束能力,"所谓'玩物丧志'等这些自古以来就为人们认同的并世代相传的警语,这正是对享乐主义者所必然陷入的窘状的入木三分的揭露和一针见血的贬斥。"❷在本该奋斗的年纪贪图玩乐,游戏人生,荒废了青春;其三,畏难避苦,舒适安逸,怠惰因循。现代社会中,随着生活水平的提高和家庭结构的变化,许多青年在成长过程中享受着前所未有的物质条件与家庭关爱,容易形成青年"衣来伸手,饭来张口"的惰性习惯。物质的丰富充裕、家庭的过分呵护、社会的优质条件等等因素,为青年的成长成才搭建起良好的舒适圈,但这也让许多青年在成长过程中难以体验到生活的艰辛与不易,成为青年怠惰因循的温床。过度的呵护使他们在面对困难与挑战时缺乏心理韧性与应对能力,习惯于接受来自家庭与他人的保护,懒散成性,难以自

❶ 孙利天.现代苦难哲思录[M].沈阳:辽宁人民出版社,1997:14.
❷ 唐凯麟.论幸福——兼析享乐主义[J].求索,1996(03):45-48.

拔，容易陷入"安逸陷阱"中。

四、奋斗精神欠缺的"躺平青年"

"躺平"是继"佛系"之后，又一迅速走红网络并占据互联网各大社交媒体平台的网络流行语，也成为当代社会语境中一个引人注目的现象。作为亚文化的一种新型表现形式，"躺平"主要指涉当代青年某一群体的生活状态，是一种能够帮助青年在高强度、高消费的压力中获得自我心理安慰与自我解压释放的符号代指，受到了一些青年的热捧，并迅速在各大文化场域中得到广泛传播与讨论。人生就像一场复杂的赛车竞技，在这一坎坷的赛道上，"躺平"现象可视为参赛者面对挑战时采取的一种策略性姿态。完全性躺平可类比于赛车竞技中赛车手采取的极端制动措施——紧急刹车，这一决策意味参赛者中止当前竞争，退出赛道。而间歇性躺平则是一种策略性的减速行驶，赛车手通过减缓或降低行驶速度，从而恢复体力、调整心态，以更好的姿态适应下一段的赛程。这两者均彰显了不同赛道之上人们面对不同挑战时所展现的多样选择。从生命哲理的角度审视，完全性躺平与间歇性躺平反映出人们对待人生的不同态度。

完全性躺平即"人躺心也躺"，是个体在心理与行为层面展现出的一种消极状态。一是从家庭因素来看，家人长辈过分的插手与溺爱，使子女很少有能够独立面对挑战、解决困难的机会，从而催生出一种"躺赢"的错觉，即个体误认为家庭条件的优渥与长辈的厚爱可以让自己无须努力即可达成目标，进而形成对现状的高度依赖与满足。二是从社会因素来看，躺平则是对社会竞争压力与个体挫折体验的极端反应。个体由于多次的努力拼搏奋斗却屡屡失败，或预见到即便付出巨大努力也难以逆转既定局面，往往陷入对现实及自我的绝望中。持续投入与低回报之间的巨大落差，促使个体选择了彻底躺平，规避进一步的挫败与痛苦。青年的完全性躺平是一种群体效应，在高强度的竞争压力下，"无论是否愿意，青年都在这场竞争中投入了大量沉没成本，他们困于'自我异化'，陷入以厌倦劳动为状态的集体焦虑中"❶。青年群体对现实感到力不从心的绝望，从而进入彻底的摆烂生活。

间歇性躺平是"人躺心不躺"。对于绝大多数普通人来讲，很少有人可以真正做到完全性躺平，大多数人的躺平是间歇性躺平，即个体并非全然逃避或放弃，而是在特定社会文化背景下，对自我状态与奋斗节奏的一种灵活调整。一方面，间歇性躺平是诸多青年融入这一亚文化圈的暂缓之计。很多青年内心并不赞同躺平理念，但由于受到同辈群体的影响，出于避免孤立、渴望归属的心理，他们急于融入这一当下"流行"的亚文化圈。他们通过共同的"躺平"宣言构建独特的身份标签，从中寻求一种身份与情感的认同，旨在通过这一文化的扩散能够使青年群体的诉求与生存状态被关注。另一方面，间歇性躺平是一种寻求自我安慰的方式。在奋斗过程中，如遇难以解决的困难之时，青年便以躺平之名进行自我鼓励，这种"'自欺性躺平'中带有自我安慰的成分，自我'柔性欺骗'中葆有理性的自我原有之善意"❷青年能够以此来缓解心理压力，释放心理缓冲空间，更能够进行深度的自我反思与能量积蓄。尽管他们口头上宣称躺平，但青年人的内心深处往往仍保持着对成功的渴望与追求，暗含其奋斗意识的觉醒，经过一段的修整之后，他们能够迅速以积极的心态再次投入学习和工作中。

躺平已成为当代青年存在的一种心理现象，更逐渐衍生为一种文化症候。这一亚文化形态背后映射出奋斗精神在当代青年身上不同程度上的淡漠与缺失。如任由其发展，将会诱导人们放弃奋斗意识，击溃人们的奋斗精神。更严

❶ 宋吉玲，米艺萌.青年"反劳动"现象的"困"与"解"[J].山西高等学校社会科学学报,2024,36(04):45-50.

❷ 令小雄，李春丽."躺平主义"的文化构境、叙事症候及应对策略[J].新疆师范大学学报(哲学社会科学版),2022,43(02):124-139.

重的是，这一趋势或将对中华传统文化中的艰苦奋斗精神构成挑战，威胁到社会的核心价值观体系与可持续发展的精神动力。当前"躺平青年"奋斗精神的欠缺，主要体现为三个方面：其一，奋斗目标的模糊化。即个体难以确立清晰、长远的发展目标，导致行动缺乏导向性。其二，奋斗热情的衰减。表现为在严重的社会内卷现象下疲于奋斗的状态，进取心的萎靡、成功欲望的淡化，以及一种被动地对现状的接纳与妥协态度。其三，奋斗价值的重估与消解。在多元价值观的冲击下，部分青年开始重新评估甚至质疑艰苦奋斗的优良传统所承载的价值意义，并逐渐卷入"奋斗无用论"的漩涡。

其一，奋斗目标的模糊化。我们不得不承认一个事实，生活节奏的急速加快是当下时代我们能够切身体会到的显著变化，"曾经，在处理日常事务时，我们的祖辈闲庭信步，我们的父辈大步流星，如今，我们连跑带跳"。[1]加速运转的社会确实给我们的生活带来了翻天覆地的变化，提升了我们的生活品质与效率。但在大加速时代，青年人在享受便捷与高效的同时，也不得不面对更为密集的任务安排与更高的期待。久而久之，青年更像是一台高速运转的机器，他们在社会加速进程中往往感到力不从心，逐渐迷失与麻木，曾经的远大理想目标与抱负在日复一日的忙碌中变得模糊。持续加速最严重的后果便是脱离轨道运行，容易引发青年群体对人生目标的失控感与迷茫感，他们开始质疑目标的既定方向是否正确。在快节奏生活的背景下，青年群体面临着身体与心理的双重压力负荷。青年人的注意力与逻辑思维能力均在这种高压与应激状态下受到不同程度的抑制与减弱，难以抽出一定的时间对自身奋斗目标的进行规划与追求，忽视了对长远目标以及人生价值的追寻与探索，从而导致奋斗目标的不明确，进入"当一天和尚撞一天钟"的自我放逐的躺平状态。青年既不想被加速的社会洪流无情地淘汰，又不愿深陷于无休止的竞争中，便试图以躺平的

---

[1] 罗伯特·科尔维尔. 大加速：为什么我们的生活越来越快[M]. 张佩，译. 北京：北京联合出版公司，2018：4.

方式寻求对时间流逝的另类"胜利"。

其二，奋斗热情的衰减。过度"内卷"化是造成青年奋斗热情递减的主要原因。合理及适度的"内卷"可以激发青年的竞争意识，帮助其释放个人的潜能，提升个人的能力。但现代语境下的"内卷"俨然已演变为一种非理性的、过度的内部竞争导致的无意义内耗与资源低效配置的极端现象。青年在初入社会时，大多数人往往面临着人力资本与社会资本匮乏的劣势，他们为实现梦想，达成目标，不得不迅速投身于激烈的社会竞争中，并不断增加努力程度来争取有限的资源或机会。在残酷无情的社会竞争机制——"丛林式竞争"中，弱肉强食、优胜劣汰的法则被无限放大，对成功的渴望给青年带来了巨大的心理压力和负担。青年们经受着"'内卷式'循环中'强竞争机制'的不断激发或'抽打'"❶，越努力的人对挫败感的感受愈加强烈，青年在持续的高强度努力与有限的成功反馈之间徘徊，进入了"越努力越挫败、高投入低回报"的恶性循环中，进而逐渐将个体对人生的追求及生活的热情消磨殆尽，"倦怠的青年为了生活，会随着时代的巨大摆钟运转直到筋疲力尽，而此时的青年奋斗热情已经消减"❷。躺平文化的出现获得了青年的情感共鸣，成为青年逃避这种不良竞争机制、避免被其裹挟与压制的选择。既然"卷也卷不动""卷也卷不过"，那就远离"内卷"，他们主动放弃对过度竞争目标的追逐，降低个人期望值，以追求一种更为随性、自主且不受外界评价体系束缚的生活方式。躺平既是青年人对现代社会结构的不合理之处所采取的"合理的非暴力不合作"行为，也是"对以'内卷'为核心的反常社会现象的无奈反抗。"❸

❶ 令小雄,李春丽."躺平主义"的文化构境、叙事症候及应对策略[J].新疆师范大学学报(哲学社会科学版),2022,43(02):124-139.

❷ 张小玉,张宥.以新时代奋斗精神纾解青年"躺平"困境[J].湖北经济学院学报(人文社会科学版),2024,21(01):29-33.

❸ 林龙飞,高延雷."躺平青年":一个结构性困境的解释[J].中国青年研究,2021,(10):78-84.

其三，奋斗价值的消解。历史与实践证明，自古以来，没有哪个民族与国家的辉煌成就不是以艰苦奋斗为基石的。奋斗精神作为中华民族精神谱系中奔腾不息的精神"大动脉"，历来是中华民族推进伟大事业发展的积极力量，也是个体生命价值实现与升华的必由之路。正如歌德在《浮士德》中所讲："神圣的意念属于不屈服的心，一切胜利，归诸战斗的人。"[1]艰苦奋斗是青年描绘人生画卷的最鲜亮底色，是青年群体响应时代号召、承担历史使命的必然选择。但躺平行为是对奋斗无用论与劳动价值虚无主义的一种隐性认同，主张通过摒弃一切努力与付出，拒绝以劳动与奋斗追求人生价值，消解了劳动与奋斗价值的正当性。当资本逻辑作为主导范式介入青年的价值体系并逐渐发生影响时，不仅促使消费主义与功利主义观念盛行，更使劳动本质发生了异化。劳动不再是实现个人与社会价值的目的，而成为个人追逐私利最大化与积累剩余价值的手段与工具。在这种形势下，青年在劳动与奋斗中更像是"无头苍蝇"，当青年"被加速的时间逻辑在内部侵扰和吞噬的时候，重要的不是忙碌本身，而是不知道忙碌的意义"[2]。这种状态下，青年对于劳动本质价值的认知与把握变得模糊甚至扭曲，通过对奋斗无意义的预设与奋斗结果的否定性判断，选择了以躺平姿态与社会"抗衡"与"较劲"。加之青年的劳动高投入得不到相应的回报，那么"全力以赴的结果如果是满足感的频频'缺席'，劳动对于劳动者而言便会沦为强制性的、束缚个性发展的铰链，呈现为一种非创造性的劳动形态"[3]。躺平文化的持续蔓延，正逐步消解着部分青年群体对于奋斗在个人成长、社会进步中所扮演的导向性角色的价值共识。

---

[1] 辛守魁主编.外国文学(上)[M].沈阳:辽宁教育出版社,1986:281.

[2] 吕鹤颖.躺平:加速社会青年代际的感性减速[J].探索与争鸣,2021(12):22-24.

[3] 马超,王岩."躺平主义"的群像特征、时代成因及其应对策略[J].思想理论教育,2022(04):107-111.

第二节　新时代培育好青年面临的矛盾难题

矛盾无处不在，是推动事物发展的重要动力。培育新时代好青年直接关系到国家与个人的前途命运，但总是存在着多重矛盾与难题。这些矛盾、难题不仅是青年个体成长轨迹中的必然考验，更是推动我国教育体系创新发展的时代命题。对理想的憧憬与现实之间的鸿沟，是青年成长过程中首要面对的一对矛盾；个体价值的实现与社会责任的承担的相互冲突，构成了新时代青年培育的又一核心矛盾；艰苦奋斗的优良传统与坐享其成的安逸态度不断碰撞的矛盾，是当前教育领域面临的一项紧迫任务。深入剖析培育过程中所面临的主要矛盾与难题，是把握青年成长成才规律、为培育新时代好青年指明方向的关键所在。

一、理想的憧憬与现实之间存在差距的培育难题

人是现实性与超越性的统一，人既是现实的存在，也是理想的存在。现实是现存的一切，属于实然范畴，而理想则是基于自身更高的需求而产生的对未来可能发生事情的向往与期待，属于应然范畴。从这层意义上讲，现实是理想的基础，理想属于现实的更高层次的精神追求。然而，理想不是现实，正是由于理想与现实之间存在固有的差距与矛盾，才激发了人类不断探索、勇于实践的内在驱动力。"理想作为主体的价值选择，既诉诸情感，又依托于理智，它的本质是建立在客观必然性的基础上的，是应有的东西。"❶值得注意的是，并

---

❶　周中之.伦理学[M].北京:人民出版社,2004:301.

非所有理想都能转化为现实，这一过程需要人类充分发挥其主体性，通过创造性的实践活动，不断克服现实中的种种困难与挑战，最终实现从理想到现实的跨越，这就造成了人们常常为现实与理想之间的差距而困扰。

理想与现实之间的矛盾是青年阶段所面临的、普遍存在的一种心理冲突。青年对梦想总是怀揣着满腔热血与无限憧憬，对未来寄予了超乎寻常的期许与追求。然而，当这些对理想的希冀遭遇现实世界的不尽如人意与种种限制时，一场严重的心理冲突与风暴便会悄然而至，青年的心灵深处酝酿了一场又一场理想与现实之间的激烈碰撞与极限拉扯。"人们总是坚信这种理想在实践中将作为现实的发展趋势而必然地到来，寄自身需要于现实的未来发展中得到满足。"❶初入社会的青年总是坚信理想转化为现实的必然趋势的实现，这一信念虽然能让青年产生前进的动力，却也隐含着心理风险。当理想被青年赋予了过高的期望值，现实却未能与之相匹配之时，青年极易陷入一种心理困境之中，深刻体验到一种理想与现实之间的显著断裂感，即他们体验到理想与现实之间巨大鸿沟所带来的痛苦体验。

理想与现实之间的矛盾所引发的心理波动，在青年群体之间催生出两种截然不同的感受与行为。其一，"以现实之水浇灭理想之苗"。由于片面地认识到现实环境与条件对实现理想造成的种种限制，但在多次努力之后惨遭屡屡挫败。面对社会比较与个人期望的双重压力，部分青年认为理想遥不可及，直接放弃对理想的追求。既然难以到达理想的"彼岸"，那么坦然接受现实生活的"此岸"，并转而采取一种随遇而安、得过且过的生活方式，其生活预期与内心欲求在不经意间逐渐淡化乃至消逝。其二，"以理想对现实进行逃避式否定"。青年认为现实中的种种障碍难以逾越，为了彻底远离现实生活的困难与挑战，他们陷入一种唯心主义，即在自我内心构建出一个由个人意识绝对主导的、高度理想化的乌托邦世界。青年沉浸于自己编织的美好世界中，理想被无限放

---

❶　周中之.伦理学[M].北京:人民出版社,2004:300.

大，成了一种不切实际的幻想。这种幻想彻底摒弃了现实世界的客观性，体现了对现实性及对人类主观能动性限制的忽略与否定。这种极端的自我封闭，不仅阻碍了青年对现实世界的客观认识，更可能导致其丧失实践与创新的能力，陷入一种虚幻的自我满足之中。

二、个体价值的实现与社会责任的承担发生冲突的培育难题

新时代培育好青年的过程中，如何平衡个体价值与社会责任之间的矛盾，是既关乎个人成长又关乎社会发展的问题，这一问题根源于个人与社会的辩证统一关系。一方面，人是自然性的存在，更是社会性的存在。"人生活中的一切个体的人的行动同时也是社会行动，于其中不可避免地存有社会投射"❶。个人的成长与发展均要依赖社会所提供的条件，并受制于社会环境等因素，个体的成长轨迹与价值实现等均被打上社会发展的印记，个人无法离开社会而独立存在。另一方面，社会是由无数具有独特性和能动性的个体所共同构建的整体，是基于人与人之间的交往关系及相互作用形成的特定形态。社会的发展与进步依赖每一个个体的共同参与和推动，一个缺乏个体参与、失去个体根基的社会，将是空洞而乏力的，难以维持其内在的凝聚力与外在的发展力。

个人与社会之间是相互促进、相互制衡的关系性存在，任何试图将个人与社会完全对立、截然割裂的观点，都难以在逻辑与实证的双重检验下立足。因而，我们既不能纵容个人价值的无限放大，也不能忽视个人所承担的社会责任的深远意义。值得注意的是，个人既拥有追求自由、实现个人价值的权利，也肩负着推动社会建设的重大责任。这两者具体的利益导向不一致，从而衍生出

---

❶ 别尔嘉耶夫.自由与矛盾[M].孙维,译.长春:吉林出版集团股份有限公司,2017: 164.

个人价值实现与社会责任承担之间不同程度的张力与矛盾。从实现个人价值的角度来看，个人价值的核心在于个体需求的满足与自我实现的表达。但每个个体都是独一无二、不可复制的存在，其需求呈现多样化、个性化的特征，实现个人价值本质上是一个针对个体的独特目标与利益，进行个性化追求与满足的过程。从承担社会责任的角度来看，社会责任不是对个别成员来说的，社会责任要求社会成员普遍认同并致力于共同的价值取向与发展愿景，强调对社会发展进程的积极贡献与共同体利益的共同维护。因而，个人虽然拥有各项权利，但总是受到社会规范的制约，"如果一个社会中人们的欲望、冲动与生活目标完全不同，社会生活便很难成为可能，社会需要某种一致性来约束个人的欲望与冲动。"❶个人与社会所承载着不尽相同的利益诉求与发展目标，这种利益结构的非完全契合导致了实现个人价值与承担社会责任之间会发生冲突与碰撞。

青年既可以作为独立自主的个体而存在，其本质在于实现个人的自由全面发展，又可以作为嵌入社会关系网络中的类群体而存在，旨在共同促进人类社会的整体福祉与文明进步。"每个个体都有自己的社会理想与社会愿望，而每个社会也均有对个体的角色期待。"❷因而，青年在追求自我超越、实现个人价值的征途上，往往会受到社会规范、公共利益等外部因素的考量与制约；而在承担社会责任、促进社会发展的过程中，青年面临与个人利益相悖的抉择与挑战。培育新时代好青年主要存在着满足青年群体日益凸显的个性发展需求与社会对每位青年所寄予的多元化角色期待之间的冲突。从人的个性发展角度来看，随着人类社会对个体主体性的日益重视，青年作为个性特征突出的一代，日益聚焦于个性成长的轨迹，自我意识显著增强，积极投身于实现个人价值与

---

❶ 李强. 自由主义[M]. 北京:东方出版社,2015:164.

❷ 李合亮. 思想政治教育社会价值与个人价值关系新解[J]. 教学与研究,2015(05):84-90.

利益的探索之中，展现了强烈的个体主体性追求。同时，由于青年群体在社会结构中的边缘性位置，在与其他成人社会成员相比较的前提下，"青年在社会心理上呈现出相对剥夺感"❶，这种"相对剥夺感"揭示了青年在比较视角下感受到的社会不平等，其所衍生的"劣势感受"降低了青年对社会责任的感知与承担意愿。从社会角色期待来看，青年作为社会成员，总是处于复杂的社会关系网络之中。社会为青年群体赋予了多元且相互交织的社会角色，每一个角色都承载着特定的建构社会形象、获取社会地位及确立社会身份的期望。因而青年群体同时要扮演不同的社会角色，并总是在满足各种社会角色期待中相互转化，在"很多时候需要根据自己的理解和社会对自己的期望去履行自己的角色行为，长期处在一种自我紧张的心理暗示之中"❷，造成了一种持续的心理压力。而由于个人能力与资源（包括时间、精力等）的有限性，青年在满足多重社会角色期待的忙碌中，往往不得不做出权衡与取舍。这不仅可能导致青年忽视个体感受，甚至毫无精力追求个人理想。更为严重的是，需求与资源的竞争引发了不同社会角色之间的冲突，对青年的个体发展与社会责任构成了双重挑战。

三、艰苦奋斗的优良传统与坐享其成的安逸态度不断碰撞的培育难题

艰苦奋斗是中华民族几千年来的优良传统，是构筑中华民族精神谱系的核心要素之一，也是印记于中华民族儿女心灵深处、支撑国家发展壮大的内在动力与思想精髓。没有艰苦奋斗精神，就没有民族的延续与国家的强大。但随着

---

❶ 沈杰.青年世界的社会洞见[M].北京:人民出版社,2018:23.

❷ 方巍,等.青年社会学:社会学视野中的青年与社会[M].杭州:浙江人民出版社,2006:73.

全面对外开放的加速，一些西方思潮渗透进中国的"价值观场域"，对青年的心理与行为造成了负面影响。其中，享乐主义、个人主义、利己主义及消费主义等思潮，犹如"精神鸦片"，对青年群体形成了巨大的诱惑力，严重侵蚀了我国艰苦奋斗的优良传统。在培育新时代青年的进程中，艰苦奋斗精神的坚守与坐享其成的安逸心态之间，呈现出一种对立状态，这不仅是一种价值观层面的碰撞，实质上反映了传统价值体系与现代多元文化之间的张力与冲突。这一突出问题考验着青年的价值判断与人生选择，使正处于价值观塑造关键期的青年，在奋斗与享受面前，常常陷入摇摆不定、犹豫徘徊的境地。这是一种来自青年内心的心理冲突与挣扎，一旦选择出现偏差，将会成为青年成长成才道路上的绊脚石。

从历史唯物主义探寻，艰苦奋斗与坐享其成本身就是两种截然对立的人生哲学。艰苦奋斗是作为主体的人形成的对某种目的执着追求的意志与信念，并自愿为目的的达成而付诸努力与行动，"个体的奋斗历程从本质上来说就是选择自身命运、自身意义的过程，也就是说，生存意义并不是被动的接受、服从现有的状态，它正是一种能动的创造过程。"❶在这一过程中，人的主体性得以彰显，能动性与自觉性得到充分发挥，体现了人作为实践主体的本质特征。而坐享其成的态度则完全与之相反，它根源于不劳而获的懒惰思维，主张无须通过劳动与奋斗即可享受他人的劳动成果。这种思想态度，从根本上否定了劳动作为人类存在与发展基石的价值与意义，也否定了人通过实践活动认识与改造世界、实现自我超越的能力与行动。在坐享其成的"人生泡沫"中，人的主体性逐渐沉沦，不再是积极的行动者，而是被动的接受者，这无疑是对艰苦奋斗精神的叛离。

青年之所以总是在艰苦奋斗与坐享其成的态度之间摇摆不定，是传统文化

---

❶ 郑永扣.艰苦奋斗的哲学之思[J].河南师范大学学报(哲学社会科学版),2006(04):8-9.

价值导向与现代社会物质诱惑的激烈碰撞所致。一方面，由于青年自幼生活在中华优秀传统文化的熏陶下，深受其影响，并接受艰苦奋斗的优良传统文化教育，普遍认同并致力于成为艰苦奋斗精神的继承者与实践者。另一方面，他们大多生活在优渥的家庭环境与高度开放的社会环境中，青年群体处于尚未形成完备的价值判断与思维能力的阶段，往往难以判断与甄别这些信息的真伪，导致在物质诱惑面前，内心天平倾向于追求即时满足与享乐主义的生活方式。"生活中无时无处都充满了比较，当不劳而获大行其道、一掷千金成为时尚，艰苦奋斗就会尴尬地退让一旁。"❶社会比较心理机制触发了青年群体内心层面的价值观冲突与心理挣扎，表现为在艰苦奋斗与坐享其成两种截然不同的生活态度间徘徊不定。尤其是在对待艰苦奋斗的态度上有了明显的变化，艰苦奋斗精神"过时论"在青年群体中开始蔓延。此论断主张，艰苦奋斗作为特定历史阶段（如战争年代及物质匮乏时期）的精神支柱，承载的是上一辈人的责任与使命。随着物质的极大丰裕及社会的持续稳定，艰苦奋斗精神被一些人认为失去了其原有的时代紧迫性和必要性。但艰苦奋斗精神不是一种转瞬而逝的心理体验，"艰苦奋斗不只是一种人在困境中迫不得已而表现出来的暂时性精神现象，也不只是人的一种应急性精神手段"❷，而是一种持续性的积极向上的态度。理论与实践证明，历史是在人的不断艰苦奋斗中所创造的，无论时代如何更迭，艰苦奋斗如影随形地存在于人类社会中，是一种跨时空的精神现象。"艰苦奋斗精神应该无时不有，存在于人类社会实践活动的始终"❸，"艰苦奋斗精神无处不在，存在于人类社会实践活动的一切领域"❹。人作为历史

---

❶　谢戎彬,谷棣.环球时报年度评论选[M].北京:人民出版社,2019:297.

❷　宋锦添.论艰苦奋斗的哲学意义[J].人文杂志,1991(02):11-15+59.

❸　刘长明.关于艰苦奋斗的哲学思考[J].山东师范大学学报(人文社会科学版),1999(05):46-49.

❹　刘长明.关于艰苦奋斗的哲学思考[J].山东师范大学学报(人文社会科学版),1999(05):46-49.

的创造者和社会发展的主体，其本质力量在于通过实践活动改造世界，艰苦奋斗正是这一实践精神的生动体现。无论是在以体力劳动为生的原始社会，还是以脑力劳动为主的现代社会，劳动都是人之为人的首要因素，正是通过不断的劳动创造活动及长期的艰苦奋斗，人类才能创造历史，并推动了人类社会的进步与完善。由是观之，艰苦奋斗"过时论"割裂了人与劳动、实践的本质关系，是个人为追寻享乐生活、逃避责任进行的不合理辩护。艰苦奋斗精神非但未曾过时，反而在人类前行的征途上愈发彰显出不可替代的重要性，成为推动社会进步与文明跃升的关键力量。

新 时代好青年培育的
纾解之道

　　青年的发展关系到国家与民族的未来，培育新时代好青年不仅是构建高效、多元人才体系的必然诉求，更是教育事业服务国家发展战略、促进民族复兴的本质使命。面对青年成长道路上错综复杂的挑战与内在矛盾，社会各界作为责任主体，需秉持高度的责任感与使命感，主动担起塑造未来栋梁的重任。新时代好青年的培育是一项系统工程，应在遵循客观性与科学性的基础上，发挥责任主体多方力量的协同作用，完善青年自主成长的自我教育体系，激发青年自主成长的潜力与能力；强化学校教育在新时代好青年培育中的核心引领作用，为青年发展提供专业化、高质量的教育供给；构建新时代好青年培育的社会支持与保障体系，共同营造良好的成长环境，为青年提供基本生活保障、创新创业、心理援助等多方面的社会支持与服务。

第一节　完善新时代好青年自主成长的自我教育体系

"生命个体具有自身的潜能与需要，生命也有自我选择与实现的内在动力。"[1]每个个体都是独立的存在单元，虽然个体与其他存在有着错综复杂的关联，但人的主体性作为内在固有的本质属性，不应被剥夺。实现青年的自我成长，不仅是教育最本真、最深刻的追求，更是对人性光辉的崇高致敬。教育是人与人之间的活动，体现出人的实践活动的本质。在教育过程中，每一个人都有权利成为主体，"任一主体被客体化、对象化，都必然导致教育的僵化，而丧失了教育的本意。"[2]青年已具备自我意识与自主决策能力，是能够主动掌握与塑造自我命运的主体。因此，青年应自觉承担起推动个人成长与发展的主体责任，以积极的主人翁精神回馈社会。培育新时代好青年更应该注重他们在成长成才过程中自我教育的实现，促进其能动性、自觉性与创造性的全面释放，旨在将青年培育成为能够主动创造历史、积极推动社会变革与发展的重要力量。这不仅是教育的崇高使命，也是其追求的终极目的所在。完善新时代青年自主成长的自我教育体系：一是激发青年的主体意识，从而帮助青年形成清晰的自我认知；二是培育青年的自控能力，实现情感的理性驾驭与心理状态的稳

---

[1]　陈玉琨.教育:从自发走向自觉[M].上海:华东师范大学出版社,2012:146.

[2]　冯建军.主体教育理论:从主体性到主体间性[J].华中师范大学学报(人文社会科学版),2006,(01):115-121.

健调节；三是开发青年的自主学习的潜能，不断适应社会与时代发展的需求，为终身学习奠定基础；四是提升青年的自我反思能力，推动其能够正视并优化自己的思想与行为模式。

一、激发青年的主体意识，构筑自我认知的坚实基础

青年的主体意识是指青年在新时代条件下由于自身的角色地位、素质能力、责任担当、意义价值等多维度变化所激发的一种深刻的精神自觉与自我认知过程，主要体现为青年的自主性、能动性、独立性及创造性等主体特性上的高度自觉。主体意识的确立是青年作为历史主体和实践主体，意味着青年成为不随意让他人或事物而支配的主人。缺乏主体意识的个体，其自我认知将陷入模糊，实践活动也将失去内在动力与方向指引，青年的本质价值无法得到释放。赋予并保障青年拥有绝对的主体意识是青年作为主体的人的本质力量的确证，因而在培育新时代好青年的过程中，激发青年主体意识的重要性不言而喻。人类社会发展的实践证明，人的主体意识在推动社会发展进程中起到关键作用，主体意识的觉醒，构成了人类开展实践活动与创造性探索的先决条件。主体意识越强，人们"越能清晰而自觉地认识到自己在世界中的地位、权利、义务及自身的力量，越能自觉地追求和占有人的本质，越能实现自身价值，越能创造社会价值"。[1]

激发青年的主体意识，帮助青年构建清晰的自我认知，主要在于青年个体所秉持的态度，青年自身必须多下功夫。首先，青年应强化自我心理暗示。通过持续性的正向心理引导，构筑与强化自身的主体性意识，告诉自己"我是自己的主人，而非他人以及事物的附属品"，深刻认识到自身作为独立个体存

---

[1] 闵绪国.思想政治教育价值研究[M].北京:人民出版社,2017:168-169.

在的价值与尊严。其次，青年要转变对自己的角色地位认知。青年应主动脱离对家庭和学校过度的心理依恋状态，以更加成熟和独立的心态审视自身在社会结构中的位置，以自强自信的姿态尽快适应并融入社会化过程中。同时，青年要清晰地认识到自己在社会发展中的价值，明确社会对青年的角色期待，进而在复杂多变的社会环境中找到属于自己的定位与方向。最后，青年要对自己的素质能力进行准确的认知与评估。人最好的朋友与最大的敌人都是自己，唯有对自我进行深入的剖析，才能树立切实可行的目标。"自我是一切行动的主宰，一个人必须对自己有充分认识，了解自己的情感、个性和愿望，才能决定自己能够或应该做什么。"[1]这就要求在这一过程中，青年需秉持客观公正的立场，从而避免两种极端的认知评价：一是不能妄自菲薄，过度贬低自我，忽视自身独特的价值与才能，容易陷入自卑的泥沼；二是不能骄傲自满，自我膨胀，脱离客观实际，高估自身的能力，不肯承认自己的弱点，从而陷入自负的误区。青年更应该站在自我审视的理性天平上保持平衡，既认识到自己的优势与长处，也谦逊并敢于正视自身的不足与局限。

二、培育青年的自控能力，塑造情绪与心理的调节机制

青年的自控能力是指青年在自主成长的过程中，在面对各种欲望、刺激、压力、挑战时，所展现出的高度自我导向性、意识自觉性及在情绪管理、欲望调控、心理调适及行为自制等方面的综合能力。"自控力，说到底是与人类进化史中形成的'原始本能'博弈"[2]，自控力是在人拥有的本能基础上发展出的高级心理功能。它允许个体在面对冲动时以其强大的意志力量，克服本能的

---

[1] 寇东亮.三维公民意识论[M].北京:人民出版社,2019:129.

[2] 李建珍.应在自控力[M].沈阳:辽宁人民出版社,2017:3.

驱使，坚持按照既定的目标与社会要求的价值观行事，以减少错误的决策及过失行为的发生。一个具有主体意识或自主能力，且能够进行自我教育的个体，必然拥有一定的自控能力。成功者的共性在于他们拥有卓越的自控力，能够坚定地作为自身情绪、欲望及行为的掌舵人。自控能力不仅是个人能力提升与完善的必备素质，而且是确保人的主体性的保障。相比之下，被欲望与情绪所桎梏的个体，一定程度上丧失了人的主体性。唯物史观认为，人是认识与实践的主体，是历史的创造者，这一地位的确立是对人的主观能动性的承认。然而，当个体的心理与精神被原始冲动、非理性情绪与无节制欲望所占据，其思想与行为便不再受制于人的理性，极易陷入盲目与被动的情况。这种状态下的个体不再是自我生命的主导者，而且与唯物史观"人是主体"的论断背道而驰。

自制力的强弱深刻影响着个体在面对多样化挑战与困境时的应对策略与适应能力，进而成为塑造个体心理模式的关键因素。"一个人一旦失去自制力，就会无数次放弃，为此哪怕正在做一件很简单、很容易的事情，我们也要严防死守，而不要给自制力可以崩溃的机会。"❶培育青年的自控能力，塑造情绪与心理的调节机制，要从以下几个维度进行考量：第一，克制过度的欲望。欲望是人的生物性本能的释放，但欲望的无限性与资源的有限性构成天然的矛盾。当欲望越过一定的"度"的阈值，便可能异化为一种破坏性力量，如同黑洞般吞噬个体的理性判断与道德良知。要引导青年学会控制好欲望的"度"，设置欲望的合理边界，在欲望、诱惑面前保持定力。第二，控制负面情绪。未能妥善管理与疏导冲动性情绪，往往导致不可估量的负面后果。学会情绪管理是青年走向成熟的第一课，不应仅任由情绪宣泄，而应致力于成为情绪的主人。青年要学会识别、正视并接纳自身产生的负面情绪，积极将负面情绪转化为行动力，学习掌握积极情绪调节的方法，形成稳定的情绪状态。第三，调节不良心理。积极健康的心理适应能力与调控能力有利于青年更好地融入社会化的过

---

❶ 康纯佳.自控力让我更出色[M].北京:中国纺织出版社,2020:36.

程，帮助青年成长成才。青年群体难免面临来自学业、家庭与工作等多重压力，提升心理调节能力尤为迫切。青年应学会寻找紧张与松弛的平衡点，通过各种合理方式释放心理的高压负荷，必要时主动寻求心理帮助与社会支持，增强个体的抗压能力，筑起心理韧性的保护墙。第四，养成良好习惯。"青春虚度无所成，白首衔悲亦何及"，习惯往往与人的行为自动化挂钩，良好的习惯不仅能够有效减轻青年在面对诱惑或挑战时自我控制的能量消耗，还能帮助青年保持高度自律。青年的习惯应该从小培养，从细节做起，以长远为计。必须认识到习惯养成的长久性与复杂性，不可操之过急，以持续的努力与投入日积月累地逐步塑造出稳固的习惯体系。

三、开发青年自主学习的潜能，形成终身学习的内驱动力

青年的自主学习是指依赖于青年的主观能动性所进行的创造性学习活动，是一个集自我选择、自我指导、自我控制、自我反馈与自我激励等于一体的综合性学习过程，以青年个体的内在驱动力为核心，引领其自主达成既定学习目标的实践活动。这一过程是青年自主性最大化的体现，更是实现青年终身学习、促进个人全面发展与创新的最高学习境界。自主学习彻底颠覆了传统教育中被动接受知识的观念束缚，为青年学习者提供了一个更加广阔、自由与富有挑战性的学习空间，是一种符合时代发展与未来需求的学习范式。值得注意的是，自主学习虽然强调了青年学习的主动性与自主性，但它并非脱离了外部力量的完全独立自主的活动，而是一个相对独立的过程。在这个过程中，教师、同辈群体、环境、学习资源及教育技术等外部要素扮演着不可或缺的角色，我们不能忽略与否定其他教育要素的积极作用。由于自主学习程度受诸多因素的影响，因而并不是所有个体都能够有效掌握这项自主学习的能力，但自主学习应该是新时代我们追求的理想学习模式。因为作为主体的人，学习不仅是人超

越动物本能的一种体现，也是个体自我追求、自我实现的一种高层次需求。教育的目的在于帮助人完成自我实现的目标，通过自我学习能力的获得与提升求得高层次需求的满足感。"越是在自主状态下，独立地发挥出潜能，获得自我价值的实现，越有成就感，就越能成为自由、健康、无畏的人。"❶

"人才有高下，知物由学"❷。学习是认识与理解一切事物的前提，自主学习能力则应是青年所必备的基本能力，是应对信息技术时代各种学习挑战的策略，也是适应 21 世纪终身学习理念的必然举措。教育与学习都不是"从外部强加在学习者身上的东西，也不是强加在别的人身上的东西。教育必须是从学习者本人出发的。"❸学习是个体自身的事情，彰显了个体在学习过程中的独特性和主导性。学习又是人终其一生的事情，青年终究要离开家庭与学校的庇护，独立在知识的海洋里遨游。"知识爆炸"时代的到来，使知识的广度与深度均呈指数级增长。这要求个体具备庞大的知识储备，掌握独立自主的学习策略与能力，以应对"知识爆炸"的各种挑战。"在未来的社会，谁先树立终身学习的理念，谁先具备自我学习和自我教育的能力，谁就会成为未来知识经济时代社会发展的带领者和主导者。"❹缺乏必要的自主学习意识与能力，就无法保障终身学习的持续性，个体也将面临被快速更迭的知识体系边缘化乃至淘汰的风险。强化青年群体的自主学习意识，提升其自主学习的能力，不仅是促进个体全面发展的关键途径，也是构建终身学习体系、适应"学习型社会"的必然要求。

"人类潜能的勃发，既使人的生存空间无限拓展了，又使人发现了人类自

---

❶ 冯艳明,张艳芳.学生自主学习教师指导策略[M].赤峰:内蒙古科学技术出版社,2017:1.

❷ 王充撰.论衡[M].陈蒲清,点校.长沙:岳麓书社,2006:336.

❸ 联合国教科文组织,国际教育发展委员会.学会生存——教育世界的今天和明天[M].华东师范大学比较教育研究所,译.北京:教育科学出版社,1996:200-201.

❹ 陈玉琨.教育:从自发走向自觉[M].上海:华东师范大学出版社,2012:15.

身还蕴藏着核裂变般的智慧潜能。"❶人类自主学习的潜能蕴藏在每个人的学习能力中，开发青年自主学习的能力，使其摆脱传统教育意义上的外在强制与心理依赖，构建主体性的学习模式。首先，从学习动机来讲，青年必须"想学"。引导青年认识并内化学习之于个人成长与发展的核心价值，明确学习并非外界强加的任务，而是源自内心深处对知识探索、技能提升及个人理想追求的渴望，依据自身的兴趣爱好与理想目标等，自发产生学习的渴望与需求，即构建"想学"的强烈欲望与动力。其次，从学习态度来讲，青年必须"肯学"。引导青年秉持乐观向上的态度与积极的情绪，对待学习中的困难与挫折，管理自己的学习情绪；主动融入学习型社会的建构，以负责任的学习形象、吃苦耐劳的精神、执着的态度追求知识。再次，从学习水平来讲，青年必须"能学"。引导青年强化对自身学习过程及学习水平掌握的元认知能力，坚持从个人实际出发，建构与自身水平与能力相符的知识体系，循序渐进地实现自我超越。最后，从学习技巧来讲，青年必须"会学"。学习不只是"死记硬背"，青年应该学会利用各种材料与信息资源、熟练掌握并运用各种学习技巧、优化时间管理、制定学习策略等方式，必要时多寻求他人的帮助，交流借鉴学习经验，拓宽视野等，从而高效完成学习任务。

四、提升青年的自我反思能力，推动思想与行为的持续改善

"反思是一个能动的、审慎的认知加工过程，是对个体观念行为的再加工过程。"❷青年的自我反思是指青年能够以一种理性的、审慎的态度对自己以往

---

❶ 万明春.学习社会与终身学习[J].教育研究,1997(07):34-39.

❷ 任学印.教师入职教育理论与实践比较研究[M].长春:东北师范大学出版社,2005:179.

的思想与行为表现进行主动地回顾、诊断、总结与批判等有意识的认知活动。反思活动具有主体性特征，作为一种复杂且高级的认知活动，它是主体的人所特有的。人在反思过程中所体现的思维过程的自觉性就是有力证明。反思活动具有辩证性，教育是"批判与建构的统一，是肯定与否定的统一的发展过程，是渐进与飞跃的统一。知识的批判、否定和飞跃，集中地表现了人类思维的另一个维度——反思的维度"。❶自我反思是自我教育的一个过程，反思既可以是对自己所做的正确的事进行激励，从而强化个体的正向行为，也可以是对自己所做的错误的事进行批判，促进自我的及时修正。反思活动是内在指向性的活动，其核心在于"本我"作为反思主体与对象的双重身份，确保了反思活动的真实性与直接性。这里的"本我"，并非外界投射或虚构的形象，而是基于自我认知构建的、真实而深刻的内在自我，故而反思是一场深刻而直接的自我对话，促进了个体认知结构的优化与自我意识的深化。但反思的目的不是怀疑一切，频繁且无度的反思与过度怀疑，若未加以适当引导与调控，容易导致青年陷入认知负荷的情况，影响对新知识的吸收效果，打击青年发展的积极性，加剧青年的自我怀疑情绪，导致其对自身能力、价值及未来前景产生动摇，造成青年自我教育的被动性，对教育效果起到反作用。

自我反思是青年成长成才过程中的必然举措。"人们不能停留在认识到人类自身的错误就止步上，而应该在反思中寻找新的生机，创造新的希望。"❷适度的反思能够及时发现自身思想与行为的弱点与缺点，在复杂的环境中展现出超强的适应力与创造力，迈向更加成熟与完善的自我。首先，以理性自省的心态，秉承客观冷静的态度，确保反思过程的真实性与客观性。青年要以真诚和坦诚的态度，减少主观偏见的影响，直面内心的真实想法与感受，避免过度的自我肯定与自我否定。其次，培养敏锐的思维能力与洞察力，及时发现并有能

---

❶ 闫希军.天人合一的价值本源[M].北京:人民出版社,2017:126.

❷ 祖国华,等.社会伦理学研究[M].北京:人民出版社,2013:208.

力解决问题。遇到问题或挑战时，青年不要怨天尤人，应采取正面应对的策略，而非简单地将责任归咎于外部环境的不足或他人的过失。最后，主动向他人征求意见与反馈，这有助于个体从多角度审视自己，发现自身可能忽视的问题。人不可能做到面面俱到与绝对客观，尤其是在面对自己时，"人最难认识的是自己。由于所具有的自我价值维护性、心智模式稳固性和知识经验有限性，个人较难进行准确而深刻的自我反思，甚至难以发现自己所存在的问题。"❶青年必须以谦虚包容的态度接受他人的批评与建议，在接收反馈时，保持情绪稳定，避免因情绪化反应而错失有价值的建议或与他人产生不必要的冲突。

第二节　强化学校教育在新时代好青年培育中的核心引领作用

"学校因育人的需要而诞生，因育人而存在"❷。育人工作不仅是学校的重要使命，更是社会赋予教育机构的神圣职责，深刻体现了国家与人民对发展教育工作的殷切期望。新时代语境下，青年的年龄范围被界定为 14～35 周岁。在这一关键年龄周期内，学校作为青年活动最为频繁的空间，不仅承载着传授知识的功能，更占据了他们青年时期超过一半的时间，成为了一个集学习、实践与成长于一体的综合性平台。学校作为育人的主阵地，其角色之关键、责任之重大不言而喻，在培育新时代好青年的过程中起到核心引领作用。作为新时代青年成长成才的摇篮，学校教育应该以高度的责任感与使命感，主动承担起培育好青年的育人任务。学校应以立德树人为任务，探索育人新路径，将理想

---

❶　吴义昌.教师自我反思之反思[J].教育评论,2008(04):16-18.

❷　冯建军.立德树人的学校教育机制[J].江苏教育,2019(58):7-9+13.

信念教育、责任意识教育、吃苦耐劳教育及艰苦奋斗教育渗透进学校教育工作的全过程，开辟出适应新时代要求的育人新路径，致力于改善与增强学校的育人成效。

一、学校教育在新时代好青年培育过程中的主导优势

学校教育是依据国家与社会要求所制定的人才培养目标，依托其专业与系统的教育手段与方式对青年的成长成才过程进行一定的干预指导，旨在激发并引导青年内在潜能中那些与教育宗旨相契合的要素，并使这些要素在青年的成长过程中发挥主导和支配作用，从而超越其自然成长的局限与随机性的社会实践活动。[1] 在新时代背景下，相较于家庭教育与社会教育而言，学校教育作为教育体系中的核心部分，其在培育好青年过程中的主导优势尤为显著。发挥学校教育在培育新时代好青年过程中的核心引领作用，彰显学校教育的主导优势，根源在于学校教育能够为青年人才的成长培育提供一套既专业又高度规范化的教育体系框架，从而为青年的稳定成长与发展奠定了坚实的基础。

第一，学校教育的专业化特征是其占主导优势的首要基石。"在所有的社会机构中，学校教育在培养人上最具有专门性，尽管培养人并不是学校的'专利'，培养人也不是学校的唯一职能。"[2]教育本身是一门专业性较强的科学，学校教育作为教育体系的核心机构，由于其专业性而不可替代。从教师队伍的专业性来讲，获准成立并有效运营的学校拥有一支较为专业的教师队伍，并展现出与教育目标相契合的深厚师资力量。教师资格的认证是一个严谨的过程，它涉及多轮选拔与评估，旨在确保每位教育工作者均具备扎实的学科专业知识

❶ 韩丽颖.当代大学生核心价值观研究[M].北京:人民出版社,2014:180.

❷ 邵晓霞.教育学[M].武汉:武汉大学出版社,2013:108.

体系与精湛的教学技能。这一过程要求个体不仅通过标准化的教师资格考试，还需经历入职前的综合能力的考察，以全面评估其是否具备完善的教学能力。从学校教学设施的专业化程度来讲，学校不仅拥有教室、自习室等基础教学设施，还积极引入了多媒体教室、先进实验室、综合性图书馆，以及标准化操场等一系列高度专业化的教学设施与活动场所，为青年打造了一个专业化的、舒适的学习生态系统，满足了青年体育锻炼的需求，也为青年提供了丰富的学习资源与实践平台。

第二，学校教育的系统化特征是其占主导优势的关键所在。从系统论角度审视，学校作为一个有组织、有目的的实践场所，本质体现为一个综合性的系统架构。作为教育系统，在遵循青年成长发展规律与教育教学规律的基础上，学校教育涵盖了包括基础教育、高等教育与职业教育，这些子系统贯穿了从初等教育至高等教育的教育阶段。作为管理系统，学校教育管理着人、财、物、事、时间、空间及信息等与教育教学活动密切相关的管理要素。这些要素相互交织，共同作用于教育教学活动的每一个环节，以确保教育资源的高效配置与利用。作为教学活动系统，学校教育包含了教育目标、教育内容、参与主体（教育者与受教育者）、教育环境及教育制度等教学环节的共同过程。各环节之间紧密相连，形成了一个动态平衡、持续优化的教学生态系统。各个环节之间的配合与互动，共同推动了学校教育系统的整体效能提升与可持续发展。

第三，学校教育的规范化特征是其占主导优势的坚实保障。一般来讲，正规学校的创设都要经过国家的授权与扶持，因而，学校教育活动必然要在国家管控范围内，学校各项活动的运作均需遵循政府及地方教育行政部门的宏观指导与具体规范，展现出高度的制度化与标准化特征。学校教育的目标与内容具有规范性，一般来说，学校教育是相对稳定的系统，其教育目标与内容不是随意的，而是契合国家发展战略、社会需求变迁及教育科学的最新成果，以科学化的教材为依据所制定的。学校教育的管理具有规范性，学校均配备有一套完善的管理体系与制度规范，涵盖了师生行为准则、绩效考核机制、人力资源配置等多个维度的标准，旨在通过制度化的手段，促进学校内部的和谐运转与高效管理。学校教育的实施有着强大的制度保障体系，包括针对学校及师生行为的奖惩机制，以确保教育活动的合法合规性。一系列的教育法律法规的颁布，为教育事业的健康发展提供了坚实的法律后盾，保障学校教育活动必须在法律规范允许的范围内进行。

二、制定青年人才培养目标，满足社会的多元化需求

人才培养是学校教育体系的核心内容，其目标的制定更构成了学校教育活动的基础。人才培养目标是指基于一定的社会需求，根据个人身心发展的实际及潜能，对教育任务和内容进行的合理规划与部署，此目标是对"培养什么人"这一教育问题所作出的深刻阐释与回答。这一举措旨在通过目标的设定，促进受教育者全面发展，使之成为既满足社会进步需求，又具备高度个人素养与时代担当的复合型人才。目标设定的过程，也是对青年个体在社会化进程中的一次全面而深刻的综合素质定位。"教育是目前全世界最庞大的事业之一，是国家社会制度中的基础性结构要素。学校教育的根本任务是培养国家最重要的社会资源——年轻一代人的知识、技能和品德。"❶

青年人才培养目标的制定要始终围绕立德树人的根本任务。立德树人既根植于中华优秀传统文化的深厚土壤，又是我国发展教育事业一脉相承的使命任务。"立德"与"树人"之间辩证统一的关系，构成了青年人才培养的目标驱动。具体而言，"立德"乃德育优先原则的具体实践，而"树人"则聚焦于青年人才的全面培育与成长，是"立德"成效的最终体现与归宿。立什么样的德关系着树什么样的人。如果说"立德"是对青年进行成人的教育，那么

---

❶ 栗洪武,等.学校教育学[M].西安:陕西师范大学出版社,2007:10.

"树人"则是对青年进行成才的教育。成才必须先成人，成人是成才的关键。从哲学角度来看，"立德树人"的提出有着其深厚的唯物史观基础。教育是关系人的本质的实践活动，"德"不可能脱离作为主体的人而独自存在。对道德的不懈追求及其实践，不仅关乎个体生存质量的提升，更是推动个体向更高层次的自我实现与全面发展迈进的关键力量，而"教育活动的最高理想就是使人从一般意义上的'生存'状态中超越出来，朝着道德性的'存在'状态不断迈进"。❶正是基于此，道德被赋予了教育目标的最高价值。立德树人不仅是遵循青年教育工作及青年成长成才规律的体现，更是对教育本质——作为促进人的本质力量发展与自我实现过程的深刻回应与具体实践。立德树人与新时代好青年的培育目标高度契合，具体到教育实践中，学校作为人才培养的主阵地，必须将立德树人根本任务深度嵌入教育的各个维度与环节之中，使之成为贯穿教育全过程的灵魂与主线。学校要始终将德育置于优先地位，使理想信念、责任意识等价值观培育目标成为引领教育教学活动的核心导向，这是构建全面育人体系、促进青年成长成才的关键所在。学校要坚持"树人"为重的人才培养目标，培养学生的能力与才干，"人才不是脱离社会实际的空架子，而是建立在社会需要基础上有真才干、真贡献的人。"❷

　　青年人才的培养要以德、智、体、美、劳全面发展的时代新人为主要目标，不可偏颇一方。人类作为复杂而多维的存在，其内在需求与综合素质呈现出丰富性与全面性的特质，既产生了德、智、体、美、劳全面发展的需求，又蕴藏着实现这一目标的无限潜能。人的全面发展理论，是对人的片面与畸形发展的一种深刻反思与超越。我国著名教育学家陶行知曾提出，单一侧重智力或

❶　韩丽颖.立德树人：生成逻辑·精神实质·实践进路[J].东北师大学报（哲学社会科学版），2016（06）：201-208.

❷　冯刚，史宏月.新时代立德树人的理论内涵及其价值意蕴[J].社会主义核心价值观研究，2019,5（05）：41-49.

体力的发展都不利于人的进步。若一个人只动手而不思考，便易陷入"呆脑"之境，缺乏智慧；相反，若一个人仅沉溺于思考而不付诸实践，则易成为"粗手"，缺乏实际操作的能力。这不仅是对人性完整性的割裂，更是对教育本质与规律的背离。教育目的就是要"教用脑的人用手，教用手的人用脑，教一切的人都把双手和脑拿出来用"。❶因而，新时代的社会主义教育体系将德育之根、智育之魂、体育之基、美育之韵、劳动教育之本紧密融合，深刻体现了教育的全面性与包容性，"五育"并重，互为支撑，不可顾此失彼。因而，应该从思想道德的锤炼、科学文化的积淀、身心健康的维护、审美能力的提升及劳动技能的掌握等多个维度出发，设定科学合理的培养目标，促进青年在各个领域实现均衡而卓越的发展。正如陶行知先生所期望的，一个人宁愿做"八十岁的青年"❷，也不能做"十八岁的老翁"❸。

三、打造高素质的教育者队伍，保证育人质量

在人类文明进程中，教育在其中扮演着关键角色。教育是一份传承，教育工作者是这一宏伟传承链条上的守护者与传递者；教育也是一门艺术，教育者便是那深谙教育艺术精髓的专业匠人。教育的核心在于通过一种内在力量的激发，引导与促进另一种生命力量的成长与觉醒。正如雅斯贝尔斯所讲："教育本身就意味着一棵树摇动另一棵树，一朵云推动另一朵云，一个灵魂唤醒另一个灵魂。"❹教育工作者既是科学知识的传播者，又是思想道德的领路人，对人类知识体系与思想传递起到了关键作用，在教育工作中对青年学生的学习起着

❶ 陶行知.陶行知讲国民教育[M].南京:河海大学出版社,2019:138.

❷ 陶行知.陶行知讲国民教育[M].南京:河海大学出版社,2019:233.

❸ 陶行知.陶行知讲国民教育[M].南京:河海大学出版社,2019:233.

❹ 杨东平.教育:我们有话要说[M].北京:中国社会科学出版社,1999:156.

主导作用。这一主导作用的凸显，绝非对青年学生主体性的漠视或削弱。相反，它建立在青年学生作为学习主体，拥有独特个性、内在潜能与自主发展需求的深刻认识的基础之上。理想的教育致力于构建一种师生之间"主导—主体"相统一的和谐教育关系，任何时候都不能否定教育工作者的专业性及主导性，教育工作者的任务并不是"以各种现实的规定性去束缚人、限制人，而是要使人从现实性中看到各种发展的可能性，并善于将可能性转化为现实性"❶，成为激发受教育者积极参与学习，实现自我发展与成才的领路人。教育工作者作为教育活动的直接实施者与主导者，其素质的高低，无疑在极大程度上关系着教育人才质量的优劣。构建一支能够胜任青年人才培养工作的教育者队伍，是学校教育的核心任务之一。这要求学校高度重视教育者的素质，深化教育工作者的教育理想、增强教育工作者能力的专业化与多元化、实现教育工作者的可持续发展。

第一，深化教育工作者的教育理想。教育是人类的崇高事业，对于每一位投身教育领域的工作者而言，树立并深化教育理想，不仅是职业素养的体现，更表达了人们对教育事业的崇高敬意。教育工作者应将对教育事业的深切热爱与崇高敬意这一深刻的情感作为职业选择的目的与动机，将这一伟大事业视为超越个人私利的信仰。在进行职业抉择时，应清醒地认识到，投身于教育领域，就选择了为国家教育事业贡献自己的力量，而非仅局限于个人生计与物质利益的考量。唯有如此，教育工作者方能构建起稳固的职业认同与价值体系，确保其在教育征途上的每一步都坚实而有力。只有从内心热爱教育，才能在日复一日、年复一年的教育实践中，始终保持对知识的渴望、对教学的热情及对学生的关爱。教育工作者有了理想，"就有了使平凡的教育工作每天都荡漾着不尽快乐的激情，就有了让平常的教育细节都时时展现出奇妙的智慧，就有了

---

❶ 鲁洁.论教育之适应与超越[J].教育研究,1996,(02):3-6.

把平淡的教育人生都书写出生命的精彩与传奇"❶。

第二，增强教育工作者的专业化与多元化能力。从教育工作的视角来看，教育工作者的能力是从事教育工作的主体在教育活动中所展现出来的力量，是专业素养与综合素质的集中体现。能力是教育工作者的附加值，能力水平高低与结构差异直接关系到教育工作的效能，甚至不同教育群体的能力结构与能力指向参差不齐。教育工作者所具备的能力是否能够支撑其完成教育任务关乎教育质量的整体效果。首先，加强师德师风建设。良好的师德师风是衡量一名教育工作者是否合格的首要标准，教育的神圣性绝对不容亵渎与践踏。教育工作者必须高度重视师德师风建设，通过不断学习与反思，提升自身的思想道德水平与政治素养。应自觉遵循社会主义核心价值观的引领，坚守正确的政治方向。教育工作者应以高度的职业道德规范要求自己，确保自己的言行举止符合社会要求与法律，营造健康的教育生态。其次，提升教育工作者的专业素养。具备扎实的专业素养是教育职业准入的基本门槛。教育工作者必须对自己所属专业领域的知识内容能够熟悉掌握并进行实际运用；树立正确的专业态度，秉持严谨治学、勇于探索的精神对待并追求真理；同时，刻苦钻研专业知识，提升教育工作的科学性与实效性，为自身专业发展奠定坚实的理论基础。最后，注重提升教育工作者能力的多元化。教育工作者包含教师、辅导员、班主任、研究人员、管理人员、专业技术人员等不同的类别，分属于教育系统的不同层级与部门。学校应注重他们跨领域、多维度的教育能力的培养，承担多元化的教育角色，如促进教育工作者在教学能力、科研能力、创新能力及交际能力等方面的均衡发展，以更好地适应教育现代化的需求与挑战。

第三，实现教育工作者的可持续发展。教育的可持续发展是推动全社会可持续发展的重要途径，教育工作者在推动教育工作发展的进程中起到不可替代的作用。因而，教育工作者的个人可持续发展是衡量教育体系能否持续提供高

❶ 汤勇.教育是美好的修行[M].武汉:长江文艺出版社,2021:5.

质量教育服务、适应未来社会需求变革的重要标尺。教育工作者应立足于当前教育实践的坚实基础，树立终身学习的观念，秉持前瞻性与战略性的视角，将个人专业成长与发展视为终身使命。教育工作具有长期性与复杂性，学校应该帮助教育工作者构建起完善的职业规划与支持体系，提升他们的可持续发展能力。学校应基于其个人兴趣、专业特长及职业愿景等方面的考虑，与教育工作者共同制定符合自身实际的职业规划，并按照规划的方向努力。在此基础之上，为了更好地优化教育工作者的教育能力，学校需积极搭建多元化与立体化的培训与发展平台，为教师提供专业成长所必需的学习资源与机会。教育工作者应主动把握机会并积极参加培训，追踪教育领域的最新理论动态，并将其运用到实际教育工作中，推动理论知识与实践经验深度融合。此外，学校应鼓励教育工作者之间建立同伴互助机制，通过定期的经验分享、案例研讨等形式，相互学习，交流经验，共同进步。

四、充分利用课堂主渠道，实现多学科的渗透融合

青年人才的培养渠道多种多样，课堂教学不是唯一的渠道，却始终在人才培养过程中起到重要作用。从人类教育史发展过程来看，学校教育在教育体系中占据主导地位，课堂教学又在学校教育中发挥重要作用，其地位之所以不可撼动，是因为学校教育与课堂教学"既是一种'历史'的选择，更是二者的特质所决定的"❶。学校教育自古以来便承担起教育这一重任，是传承人类文明进程的主要载体，若无学校教育的持续运作，人类文明的连续性与完整性将难以维系。学校教育有着深厚的历史积淀，随着学校教育的不断改革与完备，人们也愈加承认与注重课堂教学的效果。课堂教学之所以能够在众多教育模式

---

❶ 洪明."课堂主渠道"观点不容质疑——兼与柯登地同志商榷[J].教育学报,2005(06):34-38.

中脱颖而出，其根本原因在于其独特的价值属性。"300 多年来，课堂教学以其独特的优势，特别是由于其传授系统科学文化知识的高效率而在教育领域中独占鳌头。"❶课堂教学以其时效性、系统性、全面性等特征，为师生搭建了一个传递知识与智慧的平台。第一，课堂教学时间较为固定。固定的时间安排有助于青年学生尽快适应学校生活，促使他们形成强烈的时间观念，懂得在限定的时间框架内高效规划并执行学习任务，从而保持学习活动的规律性与连续性。第二，课堂教学内容较为全面。课堂作为一个固定的空间，青年所需的大多数知识与技能都要通过课堂教育这一方式获得。课堂教学能够系统而全面地覆盖学科知识体系，确保学生获得扎实的基础知识与必要的技能训练。第三，课堂教学资源较为集中。教师在课堂上整合了经过精心筛选的教辅材料，并利用先进的教学设施以及丰富的教具资源，为学生打造了一个多元化的学习环境。第四，课堂教学反馈较为及时。在课堂上，教师可以及时观察学生的学习状态与反应，并对学生提出的问题进行答疑解惑，学生也可以根据教师的指导与建议进行自我反思。这有助于教师及时调整教学策略，优化教学效果，进一步提升了人才培养的效率与质量。

课堂教学是学校教育培养青年人才的主渠道，学校必须高度重视课堂的作用，积极推动课程建设与改革，使青年人才培养融入各类学科的课堂之中，实现多学科之间的融合，以确保课堂教学在培养人才过程中发挥其基础作用。第一，学校全体成员应当深刻认识并高度重视课堂教学在学校教育体系中的核心地位与积极作用，这种认识与重视是基于课堂教学在人类教育史上长期存续并持续发展的必然性与合理性。无论是教师、青年学生还是学校其他工作人员，都应该对课堂教学所展现的诸多正面效应给予充分肯定与尊重。同时，学校应该加强教学管理，确保教学的效率与质量。学校既要注重教师在课堂上的主导作用，又要尊重学生在课堂上的主体能动性。第二，学校应该积极推动课

---

❶ 赵琴.学校教育与家庭、社会教育[M].广州:广东高等教育出版社,2000:73.

程建设，深化课程改革。在课程标准设置上，学校应基于学生发展的阶段性特征与多样性需求，科学规划并制定个性化的课程标准，确保课程设计符合学生的实际需求。在课程结构安排上，针对不同学科的特点与学生发展需求，学校应科学设定各学科的课程教学时间占比与资源占比，确保各学科之间的均衡发展。在课程评价与建议上，学校应建立多元且开放的评价体系，包括学生评价、教师自评、专家评审、家长评价等多种方式，鼓励他们之间开展互评。学校应全面收集课程实施过程中的反馈信息，保证评价的客观性与真实性，为课程的改进提供科学参考。第三，学校应该注重将价值观教育融入各个学科教学中，通过价值观教育的渗透促进各学科间的共生共荣，强化各个学科教学之间的协调与互动。青年人才的培育不应只聚焦于能力素养的锤炼，更核心的是其正确的价值观念与思想体系的养成教育。学校教育应致力于将理想信念教育、责任意识教育、吃苦精神教育、艰苦奋斗教育等价值观教育的元素，巧妙地融入多门学科的日常课堂教学之中，使学生在学习专业知识的同时，潜移默化地接受并内化这些积极向上的价值观念。

五、文化育人与实践育人的深度融合

从育人范式来讲，学校不仅是课程育人的核心场域，还肩负着文化浸润与实践锻炼的育人职责。任何遵循教育发展规律并对接学生成长需求的育人模式，均能够参与到学校人才培养体系过程之中，构成了学校科学育人的重要内容。从文化育人的角度来看，教育作为人类文明进步发展的成果，促进了文化的传播与创新。而学校以其特殊性成为当前教育的主要形态，本质是一个"功能独特的文化组织或机构"❶，学校文化育人的过程"实质上是'以文化

---

❶ 张立学. 以文化人：大学文化育人研究[M]. 北京：人民出版社,2019:50.

人、以文育人'的过程，具有鲜明的文化属性"❶。在此前提下，学校教育不仅承载着保护并传承人类文化多样性的重任，还以其文化资源聚集的优势，天然地具备了文化育人的功能与使命。从实践育人的哲学基础审视，唯物主义认识论科学地揭示了人类认识与实践的辩证关系，实践是认识的源泉，认识反过来又能够为实践提供理论指导。在遵循这一理论指导的前提下，学校教育应该将知识传授与实践体验融合，构建一套理论与实践相辅相成的教育模式，从而全面提升青年的专业素养与实操能力。新时代好青年的培育要依托实践活动，锻炼青年的实践能力，最终也要落实到实践活动，使其成为学以致用、具备真才实干的人才。

"人类的繁衍并非一个简单的生物复制过程，而是通过在一定文化环境中的生活与参与，使不成熟的个体逐渐变得成熟，并成为特定文化环境中的适应者和参与者。"❷人生活在一定的文化环境中，文化是一种无形但强大的教育力量。以学校为主体的教育活动的本质诉求体现为"引导学生真正进入社会和民族文化"❸。学校应该重视文化对青年产生的潜移默化的熏陶作用，通过对教育者进行文化知识的培训，提升其文化素养，使他们在学科教学过程中融入优秀文化元素，深入挖掘文化育人的资源，增强教学活动的文化意蕴，以丰富的文化知识与较高的文化品位赢得青年学生的青睐。同时，学校应依托各种物质与精神校园文化，打造独具特色的校园文化名片，如校训、校史、校歌与校风等，这些文化元素能够刺激青年学生的文化归属感。同时，学校应积极搭建文化社团平台，开展师生共同参与的校园文化节，大力鼓励与支持青年学子参与文化产品的创作与创新，使青年学生在不知不觉中接受文化滋养、感受文化的魅力。

实践是推动人类向前发展的动力，育人过程与实践过程总是相统一的。在育人体系中，实践过程与教育过程呈现出内在统一性，实践是检验学校教育质

---

❶ 张立学.以文化人:大学文化育人研究[M].北京:人民出版社,2019:50.

❷ 李建国.文化育人的哲学省思[J].高等教育研究,2014,35(04):8-15.

❸ 郭元祥,刘艳.论课堂教学中的文化育人[J].课程.教材.教法,2020,40(04):31-37.

量与成效的试金石，"育人本身就是实践应有的题中之义，是实践的'副产品'，我们需要充分重视实践在培养人、塑造人、改造人上的功能和作用"❶。学校要秉承"教育即生活"的教育理念，从青年学生的需求出发，调动他们参与生活体验的积极性，促进理论知识与现实生活实践的深度融合，使学生在亲身体验中汲取智慧与灵感。学校应倡导并鼓励青年学生投身于规范化的社会公益活动与志愿服务等文化实践，通过实践互动，构建和谐的人际关系。建立多元化、系统化的奖励机制，以不同形式表彰那些勇于实践、表现突出的青年学生，进一步激发全体学生的参与热情与创造活力。学校"应该提供适合学生发展需要的实践教育，每个实践主体都应该得到适合自己发展需要的实践教育"❷。特别是对符合年龄及能力要求的学生，学校要主动对接工作资源，给他们提供实习机会，为将来步入社会、参与社会实践奠定良好基础。青年学生自身更要积极投身于人民群众的伟大实践，参与社会民情，争做经济高质量发展的积极推动者、社会主义民主政治建设的积极参与者、社会主义文化繁荣兴盛的积极创造者、社会文明进步的积极实践者、美丽中国的积极建设者、人类命运共同体的积极构建者。

第三节　构建新时代好青年培育的
社会支持与保障体系

社会支持是国外引入我国科学研究领域的一个社会学概念，激发了国内学者的广泛兴趣与深入讨论，使社会支持的内涵与外延不断丰富与拓展。在理论

---

❶　冯刚,王栋梁.实践育人创新发展的理论思考和实现路径研究[J].学校党建与思想教育,2017(15):6-12.

❷　陈步云.论高校实践育人动力机制的构建[J].学校党建与思想教育,2018,(11):15-18,40.

层面，社会支持已经在理论探讨与实践应用中逐步构建起一套自成体系的范式与方法论框架，为我国社会科学的研究提供了新视角。在实践层面，社会支持已经成为推动我国社会各项工作的重要实践策略之一，并且对人的社会网络建构、生活水平、心理健康以及社会福祉等方面产生了较大的影响。社会支持作为一个社会学概念，与人类的本质及人际交往所构成的社会关系网紧密相关，社会支持与人类社会相伴相生，"社会支持实践随着人类社会的存在就一直存在着，而人类社会的持续与和谐发展则需要更加广泛和紧密的相互支持"❶。青年群体作为社会的重要组成部分，青年的社会实践活动必然需要一定的社会支持。青年的社会支持，本质是一个多层次的社会资源网络，也是一种社会组织行为，是指作为个体或群体的青年通过家庭、同辈群体、社区、组织或政府机构等多方力量的协同，从而获得的各项帮扶与福祉保障。青年的社会支持可分为对青年进行物质与经济层面的援助、精神文化生活的支持及心理健康方面与情感慰藉的关怀等维度。有效的社会支持是提供社会保障的前提，构建一个全面而有效的社会支持体系，对于帮助青年全面发展、激发社会活力具有不可估量的价值。在新时代背景下，青年群体在就业、生活质量及心理健康面临的问题和挑战，已成为社会各界广泛关注的焦点议题。鉴于此，优化与强化社会支持与保障体系，应聚焦以下几个核心维度：一是构建青年就业服务网络，促进青年高质量就业；二是推动青年生活保障体系建设，减缓青年生活压力；三是完善青年心理健康服务体系，预防与应对青年社会问题的发生。

一、构建青年就业服务网络，促进青年高质量就业

就业乃民生之本，青年就业更是关系着国家与社会的发展速度与发展质

---

❶ 倪赤丹.社会支持理论：社会工作研究的新"范式"[J].广东工业大学学报（社会科学版）,2013,13(03):58-65,93.

量。随着全球化的深入与变革的加速，青年就业问题已逐渐上升为全球性的社会议题。青年群体在初涉社会之际所面临的诸多障碍，尤其是因社会经验相对匮乏、职业准备不足等综合性因素导致青年成为就业市场中的脆弱群体，他们在择业就业时容易受到激烈竞争带来的冲击。社会对青年就业问题负有一定的责任，青年的就业创业发展问题成为社会发展进程中全员重点关注的领域。当前，我国青年就业形势呈现出严峻态势，青年就业创业等面临诸多挑战。第一，青年群体数量与规模的不断扩大，造成就业总量的庞大。我国作为人口基数庞大的国家，青年人口数量与世界其他国家相比较多，这一庞大的青年群体每年向就业市场输送大量毕业生。然而，劳动力市场的吸纳能力有限，特别是在经济转型与产业升级的背景下，"高素质青年劳动力攀升与经济恢复的边际放缓所形成的'一高一低'态势，导致青年就业难度系数居高不下。"❶青年就业总量的激增远远超出了当前就业市场的实际承载力，使得就业市场面临超负荷运行的困境，造成了青年失业问题的加剧。第二，青年择业的意愿与偏好，一定程度上影响着青年的就业率。随着人口红利效应的减弱，劳动力市场逐步由供给驱动转向需求导向，加剧了就业市场的竞争态势。在此情境下，为了规避被淘汰或被辞职的就业风险，青年群体的就业观念呈现出对"稳定"的偏好，特别是对公共部门（体制内）工作格外青睐，而相对冷落了私营部门及创业等非传统就业渠道。智联招聘平台发布的《2024大学生就业力调研报告》显示，"2024届求职毕业生中，47.7%希望进入国企工作，占比排名各类型企业之首；其次是国家机关，占比14.7%；期望进入三资企业、民营企业、事业单位的比例分别为13%、12.5%、10.7%。"❷。青年致力于"考编"

---

❶ 邢占军,孙倩.青年高质量充分就业:逻辑、困境与路径[J].山东行政学院学报,2024(03):86-93.

❷ 2024大学生就业力调研报告[EB/OL].(2024-5-9)[2024-7-8]. https://finance.eastmoney.com/a/202405093071585436.html.

"考公"，择业的余地进一步缩小，挤压了求职空间。这一主观偏好与意愿进一步造成了人才流动的失衡现象，导致部分公共岗位供需矛盾突出，人才循环与利用效率不高。此外，青年就业还存在所学专业与实际职业不对口、就业信息获取不及时，以及对就业期待不满意等其他问题。为此，社会应该高度重视青年就业与失业的问题，为其提供必要的支持与帮助，实现青年的高质量就业。

首先，社会用人单位亟须优化和改善人才选拔与雇用的观念，促进青年多渠道就业。在遵循特定领域或职业性质所必需的严格选拔标准之外，广大用人单位应逐步放宽对青年求职者的限制性条件，拓宽青年的职业发展空间与选择余地。在观念上，摒弃对青年自身条件等固有属性的偏见，"这类因年龄、性别、学历等造成就业市场的歧视行为向社会发出错误的用人信号"[1]。聚焦于青年个体的实际能力、专业技能与岗位需求的契合度，进行精准化、个性化的评价与选拔，释放更多的职业空间，从而为广大青年求职者提供公平公正的选择与竞争机会。

其次，社会应该为青年求职者提供就业信息交流平台，提供专业的就业指导及就业培训。社会各界，尤其是政府部门与用人单位，应充分利用新媒体及信息化技术的优势，在确保信息客观性与真实性的基础上，加大就业信息的传播广度与深度，提升就业信息的透明度，打破信息壁垒。同时，应建立健全免费的青年就业指导与培训服务体系，通过设立专业咨询服务平台，开展线上线下结合的就业指导课程，为青年提供个性化、针对性的职业规划建议。加强校企合作，为青年提供更多的实习岗位，通过积累实践经验，帮助其明确就业目标，制定就业规划，找到最适合自己的就业岗位，提升就业能力，从而更好地走入并适应职场。

再次，大力发展新兴产业，缓解人才市场供需矛盾。对于国家与社会发展来讲，产业结构的调整与升级不仅符合时代发展的需求，而且是驱动广泛就

---

[1] 曾湘泉.促进青年高质量充分就业的四个途径[N].环球时报，2023-03-15(015).

第五章　新时代好青年培育的纾解之道

业、促进就业岗位多元化增长的重要途径。社会各界应积极响应，全面投身于新兴产业的培育与壮大之中，"以'双循环'发展新格局为指引，通过技术进步提高劳动力市场对大学毕业生的吸纳"❶ 与整合能力。同时，加大对中小企业及跨行业领域的扶持力度，通过制定各项优惠政策，实现企业及个体经营者生产力与经营效益的双创收。这一举措能够帮助就业市场创造更多高质量、高附加值的岗位，满足青年就业的多样化选择与需求。

最后，大力扶持青年创新创业项目。青年作为社会中最具活力与创造力的群体，应秉持不畏艰难、勇于探索、不怕失败的奋斗精神，积极投身于自主创业的浪潮之中。这不仅能解决个人就业难题，实现自我价值，还能通过创业成功带动其他人的就业。社会各界要积极落实青年创业的激励政策，通过税收减免、贷款优惠等财政与金融手段，减少青年创业的经济顾虑，降低创业初期的经济负担与成本，从而激发青年的创新意识与创新主动性。同时，还要通过完善相关法律法规保障青年创业的权益，为青年创业者营造一个公平、透明、可预期的法治环境，确保其在创业过程中能够依法行使权利，并在面对不法侵害时投诉有门、维权有道。

二、推动青年生活保障体系建设，减缓青年生活压力

青年阶段是个体从少年迈向成年的关键转折时期，标志着人的生活状态与角色定位发生了根本性转变。相较于少年时期生活的单纯性，成年后的生活呈现出显著的复杂性与多维度特征。在此转型阶段，青年的生活方式经历了由外部驱动向内在主动的深刻变化，青年难免面临来自生活各方面的压力。"一定

---

❶ 张青松,代伟.青年高质量充分就业的现实差距与提升路径[J].青年探索,2024(04):82-92.

的身心紧张状态对个体是必要的，但如果个体长期处于一种高应激状态，就会损害个体的身心健康。"❶这些压力往往以一种潜在且不易察觉的方式累积，直至达到临界点，进而造成青年身心负担的沉重感加重。青年所面临的生活压力，本质上是一种由生活各领域事件触发的应激性身心感受，这种身心感受普遍带有消极色彩与负面情感体验。当前社会背景下，改革的不断深化、消费主义文化的广泛渗透，以及科技日新月异的进步，共同塑造并重塑着青年的生活方式。这不仅为青年提供了前所未有的发展机遇，同时也加剧了他们生活压力。具体而言，青年所承受的生活压力来自消费层面的经济压力、人际关系层面的社交压力、身体层面的健康压力。

在这些压力中，青年所承受的经济压力往往被视为是所有压力类型中最为显著且紧迫的一项。以马斯洛需求层次理论为研究前提，人的经济需求是最基本的需求，处于人类需求金字塔的最低端。对于青年人来说，经济和物质上的满足是构筑其美好生活的首要基础，经济的独立、稳定与提升才能支撑起日常生活开销的方方面面，并在一定程度上给青年带来生存安全感。因此，经济上所带来的压力直接关系到青年的生存与生活质量。一项系统调查揭示了青年群体压力分布与其年龄阶段之间的密切关联。以 24 岁作为一个分界点，24 岁之前，青年的知识技能压力与经济压力占比相差甚微。但跨至 24 岁之后，青年的压力分布为经济生活压力的急剧上升与知识技能压力的相对缓解。❷ 大多数的青年人步入社会之初，往往面临婚礼置办、购置房产与车辆、承担育儿成本以及维持复杂社会网络中的"人情往来"等多重刚性需求的压力。在此情境下，没有父母的帮衬，青年的收入总是难以支撑起消费，甚至可能因过度消费

―――――――

❶ 朱翠英.幸福与幸福感——积极心理学之维[M].北京:人民出版社,2011:237.

❷ 王小璐,风笑天.青年何以"暮气沉沉"——基于转型期青年压力的分析与反思[J].中国青年研究,2014(01):22-29.

而陷入债务困境。"青年的消费决定全部青年生活方式"❶。加之消费主义的影响,青年人倾向于追求更高的生活品质与物质享受,但这种欲望与攀比的心理往往超出了他们的经济承受范围,收入与消费的结构性失衡造成了青年的经济压力。此外,青年还面临着诸如人际关系层面的社交压力,体现在一种被青年普遍感知为"社交恐惧症"的异质性社交中。青年倾向于展现出对人际互动的疲态或抵触情绪,懒于或主动拒绝深入处理复杂的人际关系,进而在社交技能上呈现出一定程度的匮乏。"社恐"人设其实是青年对现代交往文化的一种独特理解。青年群体的身体所承受的压力日益凸显。食品种类的丰富不仅满足了青年多样化的饮食需求,但其食品安全问题与青年不良的饮食习惯也逐渐对青年的身体健康构成了威胁。同时,青年群体因学业、工作、娱乐等多重因素导致的熬夜行为愈发普遍,成为影响身体健康的另一重要因素。多重因素的共同作用,使得原本多见于中老年群体的慢性疾病,如肥胖症、心血管疾病、糖尿病等,开始呈现出向年轻群体蔓延的趋势,即所谓的"疾病年轻化"现象。

为此,政府、市场与社会各界应该形成合力,通过提供政策支持与服务供给,解决青年群体最关注的生活问题,成为推动青年发展的"热心人",从而帮助青年减少生活压力,提升青年的生活幸福感与获得感。第一,促进生产力的发展,繁荣社会经济,逐步提高青年的劳动待遇,优化青年的薪资结构。增加青年的收入,最根本的是要大力发展生产力,加快产业结构优化升级,增加整个社会的财富总量,增强国家的经济综合实力,为青年的生存与生活奠定稳固的经济基础。继续坚持实行按劳分配的原则,青年作为社会主要的劳动力,所创造的社会财富以及对社会做出的贡献不可估量,必须坚持公平公正的分配原则,建立健全与青年劳动贡献相匹配的薪酬增长机制。"在经济社会发展成果分配过程中给予青年优先权并使之最大化,尤其是把青年的福利性发展放在

---

❶ 黄志坚.青年学[M].北京:中国青年出版社,1988:421.

重要位置"❶，确保青年能够充分且合理地分享社会经济发展的丰硕成果。第二，推动青年友好型城市与社区建设，为青年提供完善的社会公共服务。近年来，越来越多的城市积极响应号召，加入青年友好型城市建设的行列，并在推动青年与城市的友好交往中取得了一定的成绩。青年友好型城市的提出与建设，是社会对于青年群体主体能动性的尊重与承认。政府及社会各界应该制定并实施一系列具针对性的青年保障性政策。优化并落实青年人才引进政策，提供专项住房补贴、交通补贴等经济激励措施，以及完善医疗保障体系，有效减轻青年在城市安家落户的经济负担与心理压力。"在城市规划和城市建设中要有社会年龄敏感性"❷，充分融入青年视角，以满足青年的合理需求为主，致力于打造集学习、生活、工作与娱乐于一体的综合性城市空间，增强城市对青年群体的包容性、容纳力以及吸引力。第三，聚焦青年弱势群体，加大对弱势群体的帮扶力度。社会风险是改革阵痛的体现，风险的存在与累积总是能在一部分风险承受能力弱的人身上体现得较为明显。青年群体中有部分人成为改革成本与社会风险交织作用下最为敏感与易受冲击的群体。这一群体处于资源分配体系中的边缘位置，具体表现为经济上的贫困状态、生活质量的低下，以及面对生活压力时表现出的较高脆弱性。❸对青年弱势群体的帮扶，政府必须承担起主要责任，要主动关怀青年弱势群体的生存与生活状态，并制定相对应的扶持政策，对符合条件的青年弱势群体的特定需求提供定制化支持。具备公益性质的组织与机构，如慈善基金会等，它们以其自愿性、非营利性的鲜明特

---

❶ 朱峰."新一线城市"青年友好型城市政策创新研究[J].中国青年研究,2018(06):78-85.

❷ 朱峰."新一线城市"青年友好型城市政策创新研究[J].中国青年研究,2018(06):78-85.

❸ 陈成文.社会学视野中的社会弱者[J].湖南师范大学社会科学学报,1999(02):13-17.

征，"使当前的社会支持活动有了深厚的、持久的动力源"❶，成为政府帮扶力量的重要补充。这些机构能够灵活运用志愿拍卖、募捐等公益手段筹集资金，为青年弱势群体提供必要的经济援助，缓解其生存压力，并在此基础上，探索更加有效而深远的支持模式。

三、完善青年心理健康服务体系，预防与应对青年社会问题的发生

青年的社会问题是各个国家面临的一个重要问题。青年社会问题是青年群体及其社会行为给个人发展与社会进步所带来的负面效应的一种社会现象。青年社会问题"本质上是超越个人范围的、公众性问题"❷，具有社会性、公共性及影响的广泛性。青年社会问题极易在整个青年群体发展过程中触发一系列的连锁反应，青年社会问题不仅会波及更广泛的青年群体，还可能渗透至整个青年社会网络之中，形成难以忽视的群体现象。青年的社会问题与青年的心理健康之间存在密切关联。具体而言，青年的心理状态影响着青年在社会化过程中的行为导向，直接关联到青年在社会互动中展现出的行为模式的性质。青年的心理状态较为健康与完善，其社会行为往往趋于正向。反之，如果青年的心理健康出现障碍或缺失，那么其社会行为可能偏离社会要求的轨道，进而引发并加剧青年社会问题的发生与发展。同时青年社会问题的发生也作用于其心理健康，成为心理问题产生的温床。因而，在这种情况下，如果不加以干预，青年社会问题和心理健康问题之间可能形成恶性循环：青年社会问题加剧其心理健康问题，而心理健康问题的严重又进一步加快社会问题的累积与蔓延。

青年的社会问题及心理健康已经成为一个危机频发的领域，引起了专家及

---

❶ 朱力.脆弱群体与社会支持[J].江苏社会科学,1995(06):130-134.

❷ 孟庆国.青年学概论[M].呼和浩特:内蒙古人民出版社,2005:354.

社会各界的广泛讨论与关注。当下青年社会问题主要聚焦于厌学情绪的高发、校园霸凌的蔓延、成瘾心理的普遍化，以及青少年犯罪率的持续增长等方面。而青年心理问题的表现形式涵盖了从一般性心理困扰到严重心理疾病的发生，主要包含了时刻紧张与担忧的焦虑状态、由于外在因素所陷入的高度敏感状态、无法控制的重复行为或思维模式的强迫状态、回避人际交往的社交障碍，甚至伴随自杀意念与行为频发的抑郁肆虐等，严重危害了青年的生命安全与心理健康。青年社会问题的产生与发展深植于复杂的社会生态系统之中，如社会制度、社会结构、社会环境等社会性因素都能够对青年社会问题的发生产生一定影响，"但这并不意味着青年社会问题的产生过程完全不受生物因素和心理因素等方面的影响"❶，生物与心理等内源性因素与社会性因素共同作用于青年社会问题的发生与发展趋势。因而，对青年不良社会行为的干预与指导不能仅仅依赖于社会因素的优化，而应该更加重视并强化青年心理层面的社会支持服务体系的建设。

第一，深化社会公众对青年社会问题、心理健康的认知与共识，增加社会公众对青年群体的关怀。青年健康良好的心理状况有赖于社会环境的建设及公众对青年较强的保护意识。青年社会问题的普遍性与社会性本质，决定了每一位社会成员都承载着关怀与保护青年群体的共同责任。因而，应该呼吁社会各界共同努力，携手并进，利用新媒体平台的宣传优势，加大新时代媒体平台的传播力度，如通过讲座、推广等手段，向全体公众宣传青年心理健康知识。促进全社会范围内对青年群体心理健康重要性深刻理解与高度重视，进而形成尊重青年、保护青年、关怀青年的广泛的社会共识。共同营造包容青年、帮助青年的良好社会支持氛围，提升社会公众对青年心理困境以及心理障碍的同理心，让青年真正感受到来自全社会成员的温暖，减少因固有偏见而产生的社会排斥青年的现象，增强青年群体对社会的信任感与安全感。

---

❶ 孟庆国.青年学概论[M].呼和浩特:内蒙古人民出版社,2005:354.

第二，对青年群体进行定期的心理健康评估与测评，了解当下青年群体的心理健康状况，及时把握青年的心理动态变化趋势。青年心理健康现状的调查是社会心理研究承担的重要任务，为衡量整个青年群体的心理健康水平提供了基本的数据参考，深刻体现了社会对青年群体的深切关怀与责任担当。相关部门应该在诸如家庭、学校、工作单位等的全力配合下，运用科学的评估工具，设定合理的评估内容，既要涵盖基本的心理健康指标，也要关注青年时期特殊的心理发展特点与需求。采用线上与线下相结合的调查方式，在严格遵守隐私保护原则的前提下完成数据信息的收集，对青年群体展开科学性、可行性的心理健康调查，对调查结果进行量化分析与质性探讨，并及时向社会反馈调查结果，增强透明度。

第三，优化社会的心理健康公共服务体系，面向全体青年开展专业、全面及有效的心理健康服务。当今时代，大多数青年面临来自经济、家庭、工作、人际关系等多重压力源下的心理健康风险，亟须进行合理的情绪宣泄与心理疏导，要求社会建立健全心理健康公共服务体系。鼓励并允许公益性与非公益性心理咨询机构的设立与发展，形成优势互补，拓宽服务供给渠道，满足不同青年人群的心理咨询需求。严格设置与规范心理咨询行业资格认证的门槛，确保心理咨询服务与从业人员拥有较高的职业道德品质与专业技能，最大化地保障青年心理咨询的质量与效果。增设针对青年的心理健康服务专线，通过多形式的咨询方式帮助青年增强心理素质。同时支持将心理健康服务纳入国家基本公共卫生服务体系，完善青年心理求助平台，为经济困难的青年提供补贴或免费的心理健康服务，确保服务的普惠性和公平性。

参考文献

一、古籍类

1. 姜尚,黄石公. 六韬 文韬全鉴[M]. 东篱子,解译. 北京:中国纺织出版社,2019.

2. 四书五经(上)[M]. 陈戍国,点校. 长沙:岳麓书社,2014.

3. 四书五经(下)[M]. 陈戍国,点校. 长沙:岳麓书社,2014.

4. 李耳. 老子[M]. 北京:光明日报出版社,2014.

5. 荀况. 荀子[M]. 杨倞注;耿芸标校. 上海:上海古籍出版社,2014.

6. 贾谊撰. 贾谊集·贾太傅新书[M]. 何孟春,订注. 长沙:岳麓书社,2010.

7. 淮南子[M]. 陈广忠,译注. 北京:中华书局,2012.

8. 戴圣. 礼记[M]. 王学典,译. 南京:江苏凤凰科学技术出版社,2018.

9. 王充撰. 论衡[M]. 陈蒲清,点校. 长沙:岳麓书社,2006.

10. 班固撰. 汉书[M]. 长春:吉林人民出版社,2005.

11. 王守仁撰. 王阳明全集(卷一)[M]. 吴光等,编校. 上海:上海古籍出版社,2014.

12. 吴调侯. 古文观止 上[M]. 杭州:浙江教育出版社,2016.

13. 吴楚材,吴调侯. 古文观止[M]. 南昌:江西教育出版社,2021.

二、著作类

14. 习近平. 高举中国特色社会主义伟大旗帜　为全面建设社会主义现代化国家而团结奋斗:在中国共产党第二十次全国代表大会上的报告[M]. 北京:人民出版社,2022.

15. 习近平. 在庆祝中国共产主义青年团成立 100 周年大会上的讲话[M]. 北京:人民出版社,2022.

16. 中华人民共和国国务院新闻办公室. 新时代的中国青年[M]. 北京:人民出版社,2022.

17. 中国共产主义青年团章程[M]. 北京:人民出版社,2018.

18. 中长期青年发展规划(2016—2025 年)[M]. 北京:人民出版社,2017.

19. 共青团中央国际联络部. 国外青年与青年工作[M]. 北京:中国青年出版社,2020.

20. 新编中国魏晋南北朝史(下册)[M]. 北京:人民出版社,1995.

21. 新编中国清代史(下册)[M]. 北京:人民出版社,1994.

22. 中国李大钊研究会编注. 李大钊全集(第一卷)[M]. 北京:人民出版社,2006.

23. 陈独秀. 陈独秀文集(第 1 卷)[M]. 北京:人民出版社,2013.

24. 冯友兰. 冯友兰论教育[M]. 北京:人民出版社,2010.

25. 冯友兰. 新原道:中国哲学之精神[M]. 北京:北京联合出版公司,2018.

26. 冯友兰. 阐旧邦以辅新命[M]. 上海:上海远东出版社,1994.

27. 冯友兰. 中国现代哲学史[M]. 广州:广东人民出版社,1999.

28. 钱穆. 中国历史精神[M]. 贵阳:贵州人民出版社,2019.

29. 吕思勉. 中国政治思想史[M]. 北京:中华书局,2012.

30. 梁漱溟. 梁漱溟全集(第 3 卷)[M]. 济南:山东人民出版社,2005.

31. 蒋梦麟. 西潮与新潮——蒋梦麟回忆录[M]. 北京:东方出版社,2005.

32. 刘梦溪. 大师与传统[M]. 北京:中国青年出版社,2007.

33. 宋会群. 周易与中国文化[M]. 北京:华夏出版社,2022.

34. 林超民文集(第4卷)[M]. 昆明:云南人民出版社,2010.

35. 郭沫若. 郭沫若文集(第11卷)[M]. 北京:人民文学出版社,1959.

36. 冯定文集(第2卷)[M]. 北京:人民出版社,1989.

37. 陶行知. 陶行知讲国民教育[M]. 南京:河海大学出版社,2019.

38. 贺麟. 文化与人生[M]. 上海:上海人民出版社,2018.

39. 唐君毅. 青年与学问[M]. 成都:四川天地出版社,2022.

40. 陈勇. 钱穆传[M]. 北京:人民出版社,2001.

41. 浙江省政协文史资料研究委员会. 浙江文史资料选辑 第40辑 一代宗师竺可桢[M]. 杭州:浙江人民出版社,1990.

42. 教育部高等教育司. 深化教学改革培养适应21世纪需要的高质量人才 第一次全国普通高等学校教学工作会议文件和资料汇编[M]. 北京:高等教育出版社,1998.

43. 联合国教科文组织,国际教育发展委员会. 学会生存——教育世界的今天和明天[M]. 华东师范大学比较教育研究所,译. 北京:教育科学出版社,1996.

44. 黄蓉生. 青年学研究[M]. 成都:四川人民出版社,2009.

45. 邱伟光. 青年学[M]. 重庆:西南师范大学出版社,1988.

46. 夏林. 青年学[M]. 郑州:河南人民出版社,1987.

47. 黄志坚. 青年学[M]. 北京:中国青年出版社,1988.

48. 孟庆国. 青年学概论[M]. 呼和浩特:内蒙古人民出版社,2005.

49. 严美华. 现代青年发展心理学[M]. 北京:台海出版社,2002.

50. 沈杰. 青年世界的社会洞见[M]. 北京:人民出版社,2018.

51. 方巍,等. 青年社会学:社会学视野中的青年与社会[M]. 杭州:浙江人民出版社,2006.

52. 刘放桐等. 现代西方哲学(修订本)下[M]. 北京:人民出版社,1990.

53. 宁维卫. 青年心理学纲要[M]. 成都:西南交通大学出版社,1993.

54. 曾建平. 井冈山精神与理想信念教育[M]. 北京:人民出版社,2023.

55. 景克宁,卫君翔. 生命力量[M]. 北京:人民出版社,2006.

56. 吴毅,朱世广,刘治力. 中华人文精神论纲[M]. 北京:人民出版社,2011.

57. 田秀云等. 构建和谐社会的伦理基础[M]. 北京:人民出版社,2014.

58. 车玉玲. 总体性与人的存在[M]. 哈尔滨:黑龙江人民出版社,2001.

59. 陈鹤鸣,余俊卿主编. 超越苦难(上)[M]. 南宁:广西人民出版社,1995.

60. 张远灯. "选择"的哲学[M]. 北京:人民出版社,2013.

61. 王立仁. 人生意义论[M]. 北京:人民出版社,2014.

62. 王通讯. 人才学通论[M]. 天津:天津人民出版社,1985.

63. 罗洪铁,周琪主编. 人才学通论[M]. 北京:人民出版社,2013.

64. 袁宏禹. 当代"中国智慧"的多维阐释[M]. 北京:人民出版社,2023.

65. 李勇. 西欧的中国形象[M]. 北京:人民出版社,2010.

66. 张志海. 现代领导与新闻媒体[M]. 北京:人民出版社,2013.

67. 朱尉. 新时代青年工作理论与实践研究[M]. 西安:陕西师范大学出版总社,2022.

68. 潘洵. 青年在中国革命、建设和改革中的作用研究[M]. 北京:人民出版社,2016.

69. 武博. 当代中国人才流动[M]. 北京:人民出版社,2005.

70. 王辉耀. 国家战略——人才改变世界[M]. 北京:人民出版社,2010.

71. 张连如. 国民经济素质评价与分析[M]. 北京:商务印书馆,2005.

72. 冯颜利. 科学发展与社会和谐基础理论问题研究[M]. 北京:人民出版社,2012.

73. 叶飞霞,刘淑兰. 引领文化与文化引领[M]. 北京:人民出版社,2012.

74. 林格. 回归教育本质[M]. 北京:清华大学出版社,2015.

75. 李丽. 文化困境及其超越[M]. 北京:人民出版社,2013.

76. 陈小鸿. 论人的自由全面发展[M]. 北京:人民出版社,2004.

77. 成尚荣. 最高目的[M]. 上海:华东师范大学出版社,2017.

78. 闵洁. 传统文化资源与品牌建构研究[M]. 北京:人民出版社,2021.

79. 陈正良. 中国"软实力"发展战略研究[M]. 北京:人民出版社,2008.

80. 苗伟. 文化优化论[M]. 北京:人民出版社,2020.

81. 李宗桂,等. 中国优秀传统文化的现代价值[M]. 北京:人民出版社,2019.

82. 林存光. 天下为公与民惟邦本:儒家两大核心理政治理念的历史考察与义理阐释[M]. 北京:学习出版社,2017.

83. 吴毅,朱世广,刘治力. 中华人文精神论纲[M]. 北京:人民出版社,2011.

84. 王立胜,王清涛. 现代性与中国社会主义精神[M]. 北京:人民出版社,2015.

85. 上海社会科学院性别与发展研究中心主编. 性别影响力[M]. 上海:上海社会科学院出版社,2014.

86. 迟燕琼. 艺术传承与族群认同[M]. 昆明:云南人民出版社,2013.

87. 王颖斌. 海德格尔和语言的新形象[M]. 北京:人民出版社,2015.

88. 胡惠林,等. 国家文化安全研究导论[M]. 上海:上海人民出版社,2013.

89. 邹广文. 当代文化哲学[M]. 北京:人民出版社,2007.

90. 庄晓东. 传播与文化概论[M]. 北京:人民出版社,2008.

91. 贾英健. 虚拟生存论[M]. 北京:人民出版社,2011.

92. 吴廷俊,舒咏平,张振亭. 传播素质论[M]. 郑州:河南人民出版社,2015.

93. 乐黛云. 中国文化与世界文化[M]. 北京:北京出版社,2020.

94. 阮成武. 教育民生论[M]. 北京:人民出版社,2021.

95. 田秀云. 当代社会责任伦理[M]. 北京:人民出版社,2008.

96. 钱焕琦. 走向自觉——道德心理论[M]. 北京:人民出版社,2003.

97. 孙利天. 现代苦难哲思录[M]. 沈阳:辽宁人民出版社,1997.

98. 施文辉. 幸福的本质及其现实建构[M]. 上海:上海科学院出版社,2021.

99. 辛守魁. 外国文学(上)[M]. 沈阳:辽宁教育出版社,1986.

100. 周中之. 伦理学[M]. 北京:人民出版社,2004.

101. 李强. 自由主义[M]. 北京:东方出版社,2015.

102. 谢戎彬,谷棣. 环球时报年度评论选[M]. 北京:人民出版社,2019.

103. 陈玉琨. 教育:从自发走向自觉[M]. 上海:华东师范大学出版社,2012.

104. 闵绪国. 思想政治教育价值研究[M]. 北京:人民出版社,2017.

105. 寇东亮. 三维公民意识论[M]. 北京:人民出版社,2019.

106. 李建珍. 应在自控力[M]. 沈阳:辽宁人民出版社,2017.

107. 康纯佳. 自控力让我更出色[M]. 北京:中国纺织出版社,2020.

108. 冯艳明,张艳芳. 学生自主学习教师指导策略[M]. 赤峰:内蒙古科学技术出版社,2017.

109. 陈玉琨. 教育:从自发走向自觉[M]. 上海:华东师范大学出版社,2012.

110. 任学印. 教师入职教育理论与实践比较研究[M]. 长春:东北师范大学出版社,2005.

111. 闫希军. 天人合一的价值本源[M]. 北京:人民出版社,2017.

112. 祖国华,等. 社会伦理学研究[M]. 北京:人民出版社,2013.

113. 韩丽颖. 当代大学生核心价值观研究[M]. 北京:人民出版社,2014.

114. 邵晓霞. 教育学[M]. 武汉:武汉大学出版社,2013.

115. 栗洪武,等. 学校教育学[M]. 西安:陕西师范大学出版社,2007.

116. 杨东平. 教育:我们有话要说[M]. 北京:中国社会科学出版社,1999.

117. 汤勇. 教育是美好的修行[M]. 武汉:长江文艺出版社,2021.

118. 赵琴. 学校教育与家庭、社会教育[M]. 广州:广东高等教育出版社,2000.

119. 张立学. 以文化人:大学文化育人研究[M]. 北京:人民出版社,2019.

120. 朱翠英. 幸福与幸福感——积极心理学之维[M]. 北京:人民出版社,2011.

121. 刘向信,等. 高校育人新机制探索:情感、激励、嫁接三结合[M]. 北京:人民出版社,2008.

122. 科恩. 青年心理学[M]. 史民德, 何德霖, 方琬, 译. 南宁: 广西人民出版社, 1983.

123. 别尔嘉耶夫. 自由与矛盾[M]. 孙维, 译. 长春: 吉林出版集团股份有限公司, 2017.

124. 马赫列尔. 青年问题和青年学[M]. 陆象淦, 译. 北京: 社会科学文献出版社, 1986.

125. 怀特海. 教育的目的[M]. 北京: 北京师范大学出版社, 2018.

126. 罗素. 赢得幸福[M]. 张琳, 译. 上海: 上海人民出版社, 2021.

127. 科尔维尔. 大加速: 为什么我们的生活越来越快[M]. 张佩, 译. 北京: 北京联合出版公司, 2018.

128. 叔本华. 叔本华论生存与痛苦[M]. 齐格飞, 译. 上海: 上海人民出版社, 2021.

129. 尼采. 快乐的知识[M]. 黄明嘉, 译. 北京: 中央编译出版社, 2019.

130. 伊曼努尔·康德. 人性与道德[M]. 王宇, 译. 长春: 吉林出版集团股份有限公司, 2017.

131. 希尔斯. 论传统[M]. 傅铿, 吕乐, 译. 上海: 上海人民出版社, 2014.

132. W. 施拉姆. 传播学概论[M]. 陈亮等, 译. 北京: 新华出版社, 1984.

133. 大前研一. 低欲望社会: 人口老龄化的经济危机与破解之道[M]. 郭超敏, 译. 北京: 机械工业出版社, 2018.

134. 大前研一. 低欲望社会: "丧失大志时代"的新·国富论[M]. 姜建强, 译. 上海: 上海译文出版社, 2018.

三、期刊类

135. 邝海春. 论青年范畴[J]. 青年研究, 1986(12).

136. 陈祖耀. 人的本质是什么——一个需要修正的哲学命题[J]. 江淮论坛, 2007(02).

137. 易小明. 人的三重属性与人的二重属性[J]. 学术界,2005(06).

138. 刘维群. 青年概念与青年本质之研究[J]. 青年研究,1988(12).

139. 韩丽颖. 立德树人:生成逻辑·精神实质·实践进路[J]. 东北师大学报(哲学社会科学版),2016(06).

140. 汪建. 社会活力:解放与创造[J]. 天津社会科学,1999(03).

141. 周妮. 传统文化的现代创生及教育价值[J]. 宜春学院学报,2019,41(11).

142. 李建国. 文化育人的哲学省思[J]. 高等教育研究,2014,35(04).

143. 刘献君. 论文化育人[J]. 高等教育研究,2013,34(02).

144. 冯刚. 新时代文化育人的理论考察[J]. 学校党建与思想教育,2019(05).

145. 顾明远. 大学文化的本质是求真育人[J]. 教育研究,2010,31(01).

146. 马志政. 文化环境的作用及机理[J]. 浙江社会科学,1999(01).

147. 应雪林. 怀特的文化决定论评析[J]. 浙江学刊,1998(02).

148. 熊黎明. 中国传统文化的现代转型[J]. 云南社会科学,2001(S1).

149. 苗伟. 论人的文化主体性[J]. 云南社会科学,2012(04).

150. 赵世林. 论民族文化传承的本质[J]. 北京大学学报(哲学社会科学版),2002(03).

151. 黄汀. 从价值冲突到价值整合——当代中国青年亚文化现象解读[J]. 湘潭大学学报(哲学社会科学版),2011,35(05).

152. 吴云,李春光. 论社会价值与个人价值的矛盾及其调适[J]. 理论探讨,2008(02).

153. 吴家华,翟文忠. 中国社会转型中的价值矛盾与价值冲突[J]. 求实,2002(02).

154. 孙向晨. 佛系现象:披着美丽东方外衣的现代性消极后果[J]. 探索与争鸣,2018(04).

155. 张鑫宇. 青年"佛系心态"透视[J]. 当代青年研究,2019(02).

156. 卜建华,孟丽雯,张宗伟."佛系青年"群像的社会心态诊断与支持[J].中国青年研究,2018(11).

157. 刘波."佛系青年"的信仰心态与文化治理策略[J].北京青年研究,2019,28(04).

158. 唐凯麟.论幸福——兼析享乐主义[J].求索,1996(03).

159. 宋吉玲,米艺萌.青年"反劳动"现象的"困"与"解"[J].山西高等学校社会科学学报,2024,36(04).

160. 令小雄,李春丽."躺平主义"的文化构境、叙事症候及应对策略[J].新疆师范大学学报(哲学社会科学版),2022,43(02).

161. 张小玉,张宥.以新时代奋斗精神纾解青年"躺平"困境[J].湖北经济学院学报(人文社会科学版),2024,21(01).

162. 林龙飞,高延雷."躺平青年":一个结构性困境的解释[J].中国青年研究,2021(10).

163. 吕鹤颖.躺平:加速社会青年代际的感性减速[J].探索与争鸣,2021(12).

164. 马超,王岩."躺平主义"的群像特征、时代成因及其应对策略[J].思想理论教育,2022(04).

165. 张改凤.青年奋斗视域下"丧文化"的辩证审思[J].新疆社会科学,2020(05).

166. 陶志欢.青年生存境遇的现代性悖论及其规制[J].山东青年政治学院学报,2024,40(02).

167. 冯莉.个体化时代城市青年的社会压力及其应对[J].中国青年研究,2014(02).

168. 张华.青年压力来源与社会支持系统优化策略[J].当代青年研究,2012(03).

169. 李合亮.思想政治教育社会价值与个人价值关系新解[J].教学与研究,2015(05).

170. 郑永扣.艰苦奋斗的哲学之思[J].河南师范大学学报(哲学社会科学版),2006(04).

171. 宋锦添. 论艰苦奋斗的哲学意义[J]. 人文杂志,1991(02).

172. 刘长明. 关于艰苦奋斗的哲学思考[J]. 山东师范大学学报(人文社会科学版),1999(05).

173. 冯建军. 主体教育理论:从主体性到主体间性[J]. 华中师范大学学报(人文社会科学版),2006(01).

174. 冯建军. 立德树人的学校教育机制[J]. 江苏教育,2019(58).

175. 万明春. 学习社会与终身学习[J]. 教育研究,1997(07).

176. 吴义昌. 教师自我反思之反思[J]. 教育评论,2008(04).

177. 冯刚,史宏月. 新时代立德树人的理论内涵及其价值意蕴[J]. 社会主义核心价值观研究,2019,5(05).

178. 冯刚,王栋梁. 实践育人创新发展的理论思考和实现路径研究[J]. 学校党建与思想教育,2017(15).

179. 鲁洁. 论教育之适应与超越[J]. 教育研究,1996(02).

180. 洪明. "课堂主渠道"观点不容质疑——兼与柯登地同志商榷[J]. 教育学报,2005(06).

181. 郭元祥,刘艳. 论课堂教学中的文化育人[J]. 课程. 教材. 教法,2020,40(04).

182. 陈步云. 论高校实践育人动力机制的构建[J]. 学校党建与思想教育,2018(11).

183. 倪赤丹. 社会支持理论:社会工作研究的新"范式"[J]. 广东工业大学学报(社会科学版),2013,13(03).

184. 邢占军,孙倩. 青年高质量充分就业:逻辑、困境与路径[J]. 山东行政学院学报,2024(03).

185. 张青松,代伟. 青年高质量充分就业的现实差距与提升路径[J]. 青年探索,2024(04).

186. 王小璐,风笑天. 青年何以"暮气沉沉"——基于转型期青年压力的分析与反思[J]. 中国青年研究,2014(01).

187. 朱峰."新一线城市"青年友好型城市政策创新研究[J].中国青年研究,2018(06).

188. 陈成文.社会学视野中的社会弱者[J].湖南师范大学社会科学学报,1999(02).

189. 朱力.脆弱群体与社会支持[J].江苏社会科学,1995(06).

四、学位论文类

190. 董成雄.中国优秀传统文化的系统解读和传承建构[D].泉州:华侨大学,2016.

191. 伍复康.当代中国青年本质研究[D].南昌:江西师范大学,2014.

192. 马跃.新时代中国特色社会主义青年观研究[D].长春:吉林大学,2021.

193. 郑士鹏.当代中国青年社会责任感及其培养研究[D].北京:北京交通大学,2014.

194. 张颖.新时代大学生艰苦奋斗精神教育研究[D].长春:东北师范大学,2018.

195. 魏泳安.中国精神教育研究[D].兰州:兰州大学,2017.

196. 崔欣颋.学校责任教育论纲[D].南京:南京师范大学,2006.

197. 吴康妮.当代大学生社会责任感及其培养[D].重庆:西南大学,2016.

198. 姚军.奋斗论[D].苏州:苏州大学,2011.

199. 白永生.新时代高校文化育人研究[D].桂林:广西师范大学,2020.

200. 叶长红.高校文化育人的人学透视[D].武汉:华中科技大学,2019.

201. 郝桂荣.高校文化育人研究[D].沈阳:辽宁大学,2017.

五、报纸类

202. 曾湘泉. 促进青年高质量充分就业的四个途径[N]. 环球时报,2023-03-15 (015).

203. 杨宝光,周围围,赵安琪. 青年优先发展如何从理念走向实践[N]. 中国青年报,2023-11-06(T01).

204. 骆郁廷. 强化青年社会责任 践行时代使命担当[N]. 中国社会科学报,2020-04-23(007).

205. 毕若旭,梅从政,程思,等. 做有理想、敢担当、能吃苦、肯奋斗的新时代好青年[N]. 中国青年报,2022-10-23(006).

206. 李华锡. 让青年在高质量发展中有更多获得感[N]. 中国青年报,2022-03-07(005).

后　记

　　青年处于个体成长历程中的黄金阶段,青年群体是能够担当民族重任的群体。青年不仅是生命活力的具象化展现,更代表了一种锐意进取、敢于探索、不懈追求的精神。李大钊先生曾激励广大青年:"青年之字典,无'困难'之字,青年之口头,无'障碍'之语。"❶青年的精神风貌是一个国家精神状态与民族文化生命力的集中展现,是社会发展的风向标。青年的健康成长与全面成才关系着一个国家未来的走向与民族精神的传承,是衡量社会活力与创造力的重要方面。在当今全球化的时代背景下,国家间综合国力的较量日趋激烈,各国纷纷发出对知识与高端人才渴求的强烈信号,这种渴求深刻体现了国际竞争格局的新态势,使各国对知识与人才的争夺成为国际竞争的焦点,而"人才的竞争就是教育的竞争,教育的竞争,实质上就是人才培养的竞争"❷。在这场悄无声息的国际青年人才争夺的较量之中,我国亟须通过构建全面、完善的人才教育培养体系,加大对人力资本的投入,而培育新时代的好青年,无疑是对人才资源最高效的教育投资。国家综合实力的显著提升,为新时代青年群体提供了

---

❶　中国李大钊研究会编注.李大钊全集(第一卷)[M].北京:人民出版社,2006:168.

❷　刘向信等.高校育人新机制探索:情感、激励、嫁接三结合[M].北京:人民出版社,2008:111.

施展才能、释放潜力的广阔舞台。新时代成就好青年，好青年助力新时代，新时代好青年在中华民族伟大复兴之路上是不可或缺的存在。新时代好青年的精神风貌，集中体现为有理想、敢担当、能吃苦、肯奋斗的鲜明特质，这些特质相互交织，共同构成了新时代好青年独特的精神坐标。基于此，新时代好青年的培养目标被赋予了新的内涵与高度，即致力于培养"德才兼备"的优秀人才，这也是对唯物史观"全面发展的人"的高度回应。

社会是一个较为复杂的生态，其中隐含着诸多挑战，尤其是对青年来讲，其生命阶段所特有的过渡性与发展性特点，使他们在社会结构中常常处于一种相对劣势的地位。相较于其他年龄段的人群，青年在面临激烈的竞争时，其权益与发展空间易受到挤压，往往成为社会变迁中潜在风险的"易感群体"或竞争压力的"间接受害者"。鉴于此，社会各界应当深刻认识到，关注青年群体的生存状态、重视其成长需求、保护其合法权益，以及提供必要的帮助与支持，是构建和谐社会、推动社会可持续发展的必然要求，是未来人才培育中不可推卸的共同责任。因而，在新时代好青年的培育过程中，本书强调了社会各界在培育青年中的合力作用，应秉持客观性与科学性的原则，探索青年成长的内在规律，根据时代发展对人才的实际需求，牢牢把握立德树人这一教育工作的核心要义。从青年个体成长的视角，要持续优化青年自我教育体系，激发其内在潜能与自主发展能力，促进青年在知识、技能、品德及思维等多方面的均衡发展。从学校教育的基础性来看，强化学校教育在新时代青年培育中的核心引领作用，通过合理规划人才培养目标与任务、强化师资队伍建设、有效利用课堂教学这一主阵地、深度融合文化育人与实践育人等举措，为青年提供高质量、个性化的学校教育服务。从社会发展的宏观层面来看，社会各界应该积极主动为青年的培育提供多方位的支持与保障，针对青年群体面临的现实压力及社会挑战，通过政策制定与制度创新，构建起涵盖经济支持、生活保障、心理关怀等在内的综合服务体系，旨在构建一个健全而有效的社会保障网络，为青年的健康成长与全面发展营造更加良好的外部环境。

培育有理想、敢担当、能吃苦、肯奋斗的新时代好青年，是一项与时代、社会紧密关联的崭新的研究议题。理想信念、责任担当、吃苦耐劳、不懈奋斗等精神特质是对青年全面素养的深刻探讨，涵盖了道德伦理、心理韧性、自我价值认同等多个层面，这不仅在理论层面具有深远的学术价值，而且在实践层面蕴含着重大的现实意义。因此，学术界应当高度重视培育新时代好青年这一课题的发展，承担起应有的责任与使命，深入加强对"好青年"概念及其多维度培育路径的系统研究。作为一个新兴且富有时代意义的学术议题，"好青年"的培育研究不仅是对当代青年发展的深刻洞察，更是对未来社会进步的重要预演，凸显了此课题研究的前沿性。新时代好青年的培育研究非一日之功，由于学术研究的复杂性与长期性，当前该领域的研究成果尚显匮乏，亟待进一步充实与深化。

　　在本书写作过程中，可借鉴资料的短缺使笔者深刻体会到此研究课题带来的巨大挑战。鉴于笔者自身知识框架与能力的局限性，本书仅能从少数关键视角对新时代好青年的培育体系进行初步探索与剖析，其全面性与深度尚存提升空间，以期为新时代好青年的培育研究尽微薄之力。对于本书所呈现的内容以及语言表达的不恰当之处，还望学术界各位前辈、专家以及同行提出严格的批评与建议，督促笔者在此课题的研究上不断提升水平，完善研究。期待通过学术界的集体智慧与不懈努力，经过持续有效的学术交流与对话，共同推动新时代好青年培育的理论与实践研究向更加深入、全面、科学的方向发展。